DON BOSCO
VERLAG

Jakobine Wierz

Kinder erleben Weihnachten
mit großen Malern

DON BOSCO

Kunst entdecken

Folgende Abbildungen liegen dem Buch bei:

Paul Gauguin, Die Geburt Christi
Stephan Lochner, Muttergottes in der Rosenlaube
Rembrandt Harmensz van Rijn, Anbetung der Hirten
Sandro Botticelli, Geburt Christi
Emil Nolde, Heilige Nacht
Albrecht Dürer, Paumgartner Altar
Max Ernst, Die Jungfrau Maria züchtigt das Jesuskind
Christian Rohlfs, Die Heiligen Dreikönige

Die Deutsche Bibliothek – CIP-Einheitsaufnahme

Ein Titeldatensatz für diese Publikation ist
bei Der Deutschen Bibliothek erhältlich.

1. Auflage 2001 / ISBN 3-7698-1304-9
© 2001 Don Bosco Verlag, München
Umschlag: Margret Russer
Abbildungen der Kunstwerke mit freundlicher Genehmigung von Verwertungsgesellschaft
Bild-Kunst (S. 93, S.103), Stiftung Seebüll Ada und Emil Nolde (S. 69), Bayerische Staatsgemälde-
sammlungen, Neue Pinakothek bzw. Alte Pinakothek München (S.11, S. 45, S.81)
Zeichnungen: Jakobine Wierz
Notensatz: Nikolaus Veeser, Schallstadt
Satz: undercover, Augsburg
Produktion: Druckerei Gebr. Bremberger, München

Gedruckt auf umweltfreundlichem Papier

INHALT

VORWORT

Alle Jahre wieder feiern wir Weihnachten. Alle Jahre wieder singen wir Lieder zum Weihnachtsfest. Wir basteln, backen, üben Krippenspiele, zünden Kerzen an und sind bei allem Rummel um dieses Fest bemüht, es so besinnlich wie möglich vorzubereiten, zu gestalten und zu feiern.

Kaum ein Fest ist mit höheren Erwartungen verbunden als das Weihnachtsfest. Je näher die Weihnachtszeit rückt, desto größer wird die Frage „Wie kann ich dieses Jahr mit Kindern die weihnachtliche Zeit so gestalten, dass sie Inhalte der Advents- und Weihnachtszeit ganzheitlich erleben und erfahren können? Wie kann das Weihnachtsfest zu einer mit allen Sinnen erfahrbaren Botschaft werden? Wie können Kinder, die nicht dem christlichen Glauben angehören, sich der weihnachtlichen Botschaft annähern?

Vielen Familien sind die tatsächlichen weihnachtlichen Inhalte fremd. Sie kennen weder die Geschichten der Bibel noch Brauchtum, Rituale und Traditionen, welche sich um dieses Fest ranken. Dennoch kennen viele Erwachsene das Weihnachtsfest aus ihren Kindertagen, wo Plätzchen gebacken, Geschichten erzählt und Kerzen angezündet wurden.

Doch ist dieses Brauchtum nicht so sehr in Fleisch und Blut übergegangen, dass es leicht an Kinder weiter zu vermitteln ist. Dennoch messen wir alle das Weihnachtsfest an den religiösen und traditionellen Inhalten dieser guten alten Zeit. Wer könnte sich ein Weihnachtsfest ohne gewohnte Rituale, ohne weihnachtliche Symbole, ohne Engel, Krippen, Lichter, Sterne überschwängliche Gefühle und Geschenke vorstellen? Dennoch fällt es vielen Menschen schwer, sich Jahr für Jahr auf dieses Fest einzulassen, handelt es sich dabei doch um ein Glaubensfest und kein rational erklärbares Geschehen. In unserer verkopften, konsumorientierten und von Technologie und Wissenschaft geprägten Welt finden viele kaum noch einen Zugang zum Weihnachtsfest. Sie verlangen nach Beweisen, Zeugnissen und Bildern, welche uns das Unglaubliche erklären und uns helfen, die weihnachtlichen Ereignisse zu verstehen.

Künstler verschiedener Epochen haben immer wieder versucht, sich von diesem unerklärlichen Ereignis ein Bild zu machen. Sie stellen in den verschiedensten Epochen das weihnachtliche Geschehen in unterschiedlichen Motiven dar, immer auf der

7

Suche nach Wahrheit und Erklärung, aber auch als Ausdruck ihres eigenen Glaubens. Dies war der Anlass dafür, weihnachtliche Bilder verschiedener Künstler und Epochen als Impulse auszuwählen. Sie dienen als Einstieg in die Thematik des jeweiligen Kapitelschwerpunktes. Die Bildbesprechungshilfen ermöglichen es, sich gemeinsam mit den Kindern auf die Suche nach den uns immer fremder werdenden Inhalten von Weihnachten zu machen. Dies ist das Besondere dieses Weihnachtsbuches. Bilder werden zum Anstoß, um den wahren Sinn des Weihnachtsfestes neu zu entdecken und zu erleben. So werden die Inhalte der Bilder zum Anlass, sich intensiv mit einem darin befindlichen weihnachtlichen Symbol zu befassen, welches dann ganzheitlich durch eine Vielfalt an Angeboten erlebt werden kann.

Die Inhalte der ausgewählten Bilder sind bestimmt durch Kriterien der Einsetzbarkeit in Kindertageseinrichtungen und Kindergruppen. Dabei wurde der Ablauf der Advents- und Weihnachtszeit berücksichtigt. Jedes dieser Bilder beschäftigt sich mit einem Schwerpunkt. Natürlich sind die vorgestellten Angebote auch in anderen Zusammenhängen einsetzbar, beziehungsweise auf andere Bilder übertragbar, in deren Darstellung die ausgesuchten Schwerpunkte ebenfalls im Mittelpunkt stehen. Dem Thema Engel beispielsweise, kann man sich nicht nur mit der Darstellung von Botticellis „Geburt Christi" nä-

hern, sondern ebenso mit den beiden Raffael-Engelen der sixtinischen Kapelle, wie sie das Umschlagbild zieren.

Immer aber spielt der ganzheitliche Ansatz eine besondere Rolle. Denn Feiern bedeutet tanzen, gemeinsam essen, spielen und mit allen Sinnen erleben. Nur so können Kinder das Weihnachtsfest an Leib und Seele erfahren und später einmal selbst das Erlebte an eigene Kinder weitergeben. So trägt das sinnliche Erleben von Weihnachten dazu bei, dass auch Kinder ohne jeden religiösen Hintergrund ein Stück Weihnachten begreifen und verinnerlichen können.

Zum Umgang mit dem Bildmaterial in diesem Buch

In jedem Kapitel finden Sie eine geleitete Bildpräsentation und Bildbesprechung. Dem Buch wurden dazu die Kunstwerke als farbige Abbildungen beigefügt. Dieses Bildmaterial eignet sich sehr gut, um entsprechend der Bildpräsentation oder nach eigenen Vorstellungen den Kindern die Kunstwerke und ihre Inhalte zugänglich zu machen. Dazu an dieser Stelle einige Vorschläge zur Realisierung:

★ im Stuhlkreis reihum betrachten
★ in die Mitte des Sitzkreises auf den Boden legen

★ an einer gut sichtbaren Stelle zum mehrmaligen Betrachten aufhängen

★ zu einem Puzzle zerschneiden

★ als Zentrum eines Mandalas nutzen

★ Teile des Bildes bei der ersten Betrachtung abdecken: Rätsel

★ als Teil einer Collage nutzen

BRAUCHTUM

Paul Gauguin
(1848 – 1903)

1848 wird Paul Gauguin in Paris geboren. 1849 macht sich Familie Gauguin auf die Reise nach Peru. Auf dem langen Weg dorthin stirbt Gauguins Vater. Die Familie kehrt 1855 wieder nach Frankreich zurück. Gauguin jedoch steckt das Reisen im Blut. Ferne Länder und insbesondere die Inseln der Südsee scheinen ihn zu faszinieren. So wird auch für ihn die Südseeinsel Tahiti zum Inbegriff einer paradiesischen Vorstellung. 1891 macht er sich mit dem Dampfschiff „Kreuz des Südens" auf den Weg nach Papeete, der Hauptstadt Tahitis. Auf den ersten Blick erscheint ihm dort alles paradiesisch. Viele neue Eindrücke strömen auf ihn ein. Alles ist fremd und unbekannt für ihn. Die unberührte Natur, die Farbenpracht der Pflanzen, das fremde Aussehen der Menschen, die ungewohnten Lebensbedingungen und der Lebensstil der Tahitier begeistern ihn. Er ist fasziniert von der fremden Kultur dieser Insel, in der die Menschen an Ahnengeister und Götter glauben. Alles ist anders als in Paris. Paul ist wissbegierig und will die unbekannte Welt erobern. So versucht er die Freundschaft der Eingeborenen zu gewinnen. Er will ihre Sprache erlernen, ebenso wie sie in einer kleinen Bambushütte wohnen und sich mit einem Parau bekleiden. Malend, in einem für ihn eigenen Malstil, erobert er die Farbenpracht der Landschaft, den Charakter der Menschen und das Leben der Tahitier. Noch nie zuvor hatte ein Maler die Möglichkeit, in einer solchen Farbenpracht zu schwelgen und Farbe in solcher Reinheit einzusetzen. Nur mit Hilfe des Farbausdruckes konnte er seine Erlebnisse der fremden Kultur verarbeiten. In dieser Zeit entstanden die Bilder Gauguins, die wir alle kennen und die uns begeistern. Sie machten Gauguin zum Wegbereiter der modernen Malerei. Viele seine Bilder zeigen Frauen. Eine davon ist Tehamana, mit der er sich anfreundet. Sie lässt sich gerne von Paul porträtieren und wird für einige Zeit seine Wegbegleiterin. Sie führt ihn auch tiefer ins Landesinnere zum Volksstamm der Maori. Dieser Stamm beeinflusst Gauguin so sehr, dass er die Erlebnisse bei den Maoris in einem bebilderten Tagebuch fest hält. Er nennt es „duftend", was in tahitianischer Landessprache Noa Noa heißt. Doch in Tahiti findet er nicht den reinen paradiesischen Zustand nachdem er sich sehnt und in dem er sich zu Haus fühlen kann. Immer wieder zieht es ihn nach Paris zurück, so auch 1893. Doch auch Paris ist nicht mehr sein zu Hause. Er beschließt nochmals nach Tahiti zu reisen. Tahiti erscheint ihm aber nicht mehr so zauberhaft wie bei der ersten Ankunft und er ist sehr enttäuscht darüber.

Die Geburt Christi
(1896, Alte Pinakothek München)

Gauguin war einerseits von der Fremdheit des Landes begeistert, andererseits suchte er aber auch nach europäischem Brauchtum. Anders ist es wohl nicht zu erklären, warum Gauguin weit ab von Europa tahitianische Erlebnisse mit christlichen Motiven verbindet.

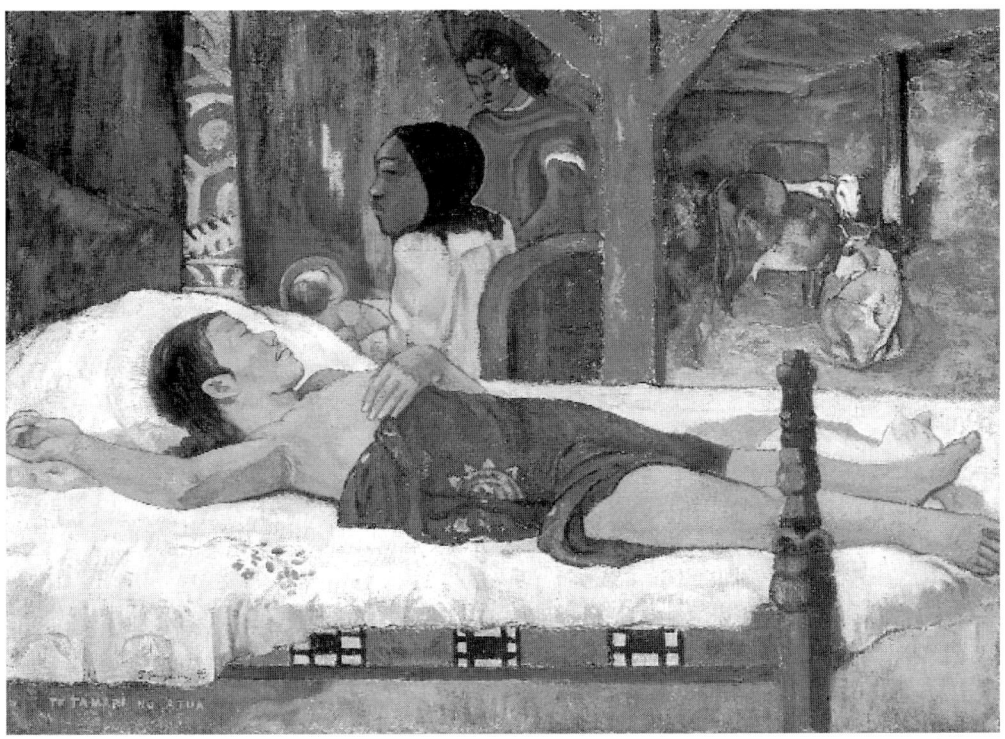

So stellt er die Geburt seiner Tochter 1896 in einem Krippenbild als „Die Geburt Christi" dar. Vielleicht erinnert ihn die Einfachheit der Geburtsumstände und die spartanische Umgebung, in der das Kind geboren wird, an die Krippendarstellungen mit Ochs, Esel und Stall. Denn Stall und Wohnraum befinden sich auch im Tahiti damaliger Zeit unter einem Dach. So erhält der Betrachter des Bildes Einblick in die tahitische Lebens- und Wohnsituation. Tahitische Alltagssituation und christliche Motive vermischen sich.

Josef, der Vater von Jesus, ist nicht anwesend. Stattdessen befinden sich im Bild zwei Frauen, die das Kind halten und vermutlich bei der Geburt behilflich waren. Eine von ihnen wird als eine Art Engel mit grünen Flügeln dargestellt. Kind und Mutter werden zu Maria und dem Jesuskind durch die Gloriolen (Heiligenschein), welche beide als etwas Besonderes auszeichnen. Es ist für uns eine ungewohnte Krippendarstellung, da sie nicht den uns bekannten europäisch-christlichen Darstellungen entspricht. Alle dargestellten Figuren sind dunkelhäutig. Maria steht weder betend an der Krippe noch hält sie das Kind in ihren Armen. Vielmehr liegt sie von der Geburt erschöpft auf einer Liege, die scheinbar mit frischem gelbem Stroh ausgelegt wurde. Die gelbe Farbe und die Gloriolen geben dem Bild Licht und bringen es zum Leuch-

ten. An den Füßen Marias kuschelt sich ein kleines Kätzchen. Diese Krippendarstellung ist eine sehr menschliche, für die damalige Zeit erstaunlich lebensnahe Darstellung. Es wird deutlich, dass sich im Bild tahitische Alltagssituationen mit christlich-religösem Inhalt vermischen. Diese Feststellungen verweisen zugleich auf Gauguins Heimweh und Suche nach christlichem Glauben und Brauchtum, aber auch auf sein Eingebundensein in eine andere fremde Kultur, in der statt an Jesu Geburt an Ahnengeister und Götter geglaubt wird. Der Maler hatte Heimweh und suchte nach Halt und Sicherheit. Es fehlte ihm eine geordnete Welt, eine Welt die ihn hätte einbinden können in ihre Kultur mit Festen, Ritualen und Brauchtum.

Die Bedeutung von Ritualen, Festen und Brauchtum

Das Leben ist in ständigem Wandel begriffen. Unentwegt werden wir mit neuen Situationen konfrontiert. Ständig sind wir auf der Suche nach Neuem, nach Abwechslung, nach Ereignissen. Mit Flexibilität begegnen wir diesen Situationen. Doch Erwachsene wie Kinder benötigen zu ihrem Wohlbefinden auch Halt, Verlässlichkeit und Strukturen. Feste, Rituale und Brauchtum sind solche Meilensteine des

Alltags, welche einen Rhythmus vorgeben. Feste und Rituale ordnen die Welt, geben einen Wochen-, Jahres- oder Lebensrhythmus vor. Sie erinnern an Ereignisse (z. B. Geburtstage), geben Verhaltenssicherheit (z. B. wenn in der Schule das Klingelzeichen ertönt ist Pause) und geben Anlass zu Gemeinschaft. Das Feiern von Festen mit Ritualen und Brauchtum gibt auch Auskunft über die geistige Gesinnung des Menschen. Dabei spielen die Religionen, Länder und Kulturen eine wichtige Rolle.

Unter Ritualen versteht man mehrmals wiederholte Handlungen nach festen Regeln und Gesetzen. Man unterscheidet Alltagsrituale (was jeden Tag zur gleichen Zeit getan wird), Fest-Rituale (Rituale, die bei jedem Fest gleich ablaufen) und kulturelle Bräuche (Handlungen, die regional verschieden sind, aber ihren festen traditionellen Bestand innerhalb einer Kultur oder Religion haben). Feste sind Höhepunkte im Wochen-, Jahres- oder Lebensrhythmus (Taufe, Kommunion) eines Menschen.

★ Weihnachten bildet einen solchen Höhepunkt im christlichen Jahresrhythmus. Weihnachten bietet dafür einen religiösen Anlass im Jahresablauf.

★ Weihnachten erinnert an das besondere Ereignis von Christi Geburt.

★ Weihnachten unterbricht den Alltag.

★ Weihnachten löst Spannungen aus, was sich häufig schon im Vorfeld bei den Festvorbereitungen zeigt.

★ Weihnachten wird mit verschiedenen Riten und verschiedenen Brauchtümern in unterschiedlichen Kulturen ausgeschmückt.

Dieses andere Weihnachten, dieses fremde Erleben von Weihnachten in anderen Ländern christlicher Kulturen, sollen Kinder auf den nächsten Seiten kennen lernen. Es stellt eine Möglichkeit von multikultureller Erziehung zum Thema Weihnachten in Einrichtungen dar.

Annäherung an das Bild

Bildpräsentation

Das Bild wird in einem ruhigen Raum auf einer Staffelei präsentiert. Daneben wird eine Krippe, wie sie vielleicht den Kindern bereits aus Gottesdiensten oder als Hauskrippe bekannt ist, aufgebaut. Sie wird jedoch mit einem Tuch verdeckt. Die Fragen 1–7 helfen, mit den Kindern über das Bild ins Gespräch zu kommen. Nach dem Gespräch wird das Tuch von der verdeckten Krippe genommen. Die Kinder sollen nun das Bild mit der aufgebauten Krippe vergleichen. Dazu sind die Fragen 8–14 behilflich. Diese unterstützen den Prozess, das Besondere des Bildes herauszuarbeiten und die Kinder auf das Kapitelthema Brauchtum hinzuführen.

13

Fragen zum Bild

1. Beschreibt, was ihr auf dem Bild seht!
2. Wie viele Personen befinden sich im Bild?
3. Um welche Personen könnte es sich dabei handeln?
4. Woran kann man erkennen, um welche Personen es sich handelt?
5. Welche Farben hat der Maler verwendet (hell/dunkel)?
6. Fällt euch in dem Bild etwas Besonderes auf?
7. Was gefällt euch an diesem Bild?
8. Vergleicht die aufgebaute Krippe mit der Krippendarstellung auf dem Bild.
9. Was glaubt ihr, warum Josef auf dem Bild fehlt?
10. Woran kann man im Bild erkennen, dass der Maler sich vielleicht in einem anderen Land aufgehalten hat?
11. Stellt euch vor, ihr seid Weihnachten in Tahiti. Weit und breit gibt es keinen Tannenbaum. Wie würdet ihr dort Weihnachten feiern?
12. Auf was möchtet ihr an Weihnachten nicht verzichten?
13. Kennt ihr Bräuche, die bei uns gefeiert werden?
14. Stellt euch vor, ihr feiert Weihnachten in einem anderen Land. Kennt ihr weihnachtliche Bräuche aus anderen Ländern?

Gauguin erlebt Weihnachten in einer anderen Kultur (zum Nacherzählen)

Einst lebte in Paris ein junger Mann mit dem Namen Paul Gauguin. In einem Bankhaus in Paris arbeitete er tagsüber als Börsenmakler. Am Abend und in der Nacht ging er seinem Hobby – dem Malen nach. Gauguin liebte Bilder, Skulpturen und Reliefs. Sein großer Traum war es, selbst einmal ein berühmter Maler oder Bildhauer zu werden. Paul hatte aber auch noch einen anderen Traum. Er träumt davon, irgendwann einmal weit ab von Paris im Dschungel zwischen Palmen, wunderschönen Blumen und wilden Tieren zu leben. Dabei hatte es ihm besonders die Südsee angetan.

Eines Tages entschloss er sich, die große Reise nach Tahiti, einer Insel, welche in der Südsee liegt, anzutreten. Er hatte lange gespart um sich diese Reise per Schiff leisten zu können. Er packte Koffer und Kisten mit Kleidung, Pinsel, Leinwänden, Malkasten und Staffelei, verabschiedete sich von seiner Familie und von guten Freunden und machte sich auf den beschwerlichen Reiseweg. Dazu bestieg er das Dampfschiff mit dem Namen „Kreuz des Südens", welches Kurs auf die Hauptstadt Tahitis, auf Papeete, nahm. Dreiundsechzig Tage war Paul unterwegs, bis er endlich wieder Lichter am Horizont des Meeres sah. Es war Land in Sicht und Tahiti war nicht mehr weit.

In Tahiti angekommen war Gauguin voller Spannung auf das viele Neue was ihn erwartete. Hier war alles anders als in Paris. Es gab andere Kleidung. Einen so genannten Parau (ein Stück Stoff welches um den Körper gewickelt wurde). Man trug keine Schuhe, alle liefen barfuß durch den Busch. Es gab keine Läden in denen man etwas zu essen kaufen konnte. Hatte man Hunger, so ging man auf Jagd und sammelte Beeren und Blätter um sich davon zu ernähren. Wasser wurde in erdigen Schüsseln vom Fluss in die ärmlichen Strohhütten getragen, wenn man Wasser brauchte um sich zu waschen. Tiere und Menschen lebten gemeinsam unter dem gleichen Strohdach. Es gab keinen extra Stall für die Tiere. Es dauerte lange, bis Gauguin sich an all diese neuen Eindrücke gewöhnt hatte. Bei der Eingewöhnung waren ihm die Eingeborenen, die Maoris, behilflich, mit denen er sich angefreundet hatte. Bald fand er unter ihnen viele Freunde. Eine Frau mit dem Namen Paura hatte bald sein Herz erobert und lebte mit ihm zusammen.

Mittlerweile war seit Gauguins Ankunft schon sehr viel Zeit vergangen. Seine Freundin Paura erwartete ein Baby von ihm und Weihnachten stand vor der Tür. Gauguin erinnerte sich an die Advent- und Weihnachtszeit in Paris. Dort war es jetzt kalt und hier war es heiß. Schweißperlen standen ihm Mitte Dezember auf der Stirn. In Paris würden jetzt Schneeflocken auf die Erde fallen. Die Menschen zündeten dort sicher Kerzen an, um sich auf die Weihnachtszeit vorzubereiten. Aus allen Fenstern würde der Geruch von gebackenen Plätzchen strömen. Die Krippen würden allmählich aufgebaut und alle waren bemüht, sich einen Weihnachtsbaum für das Fest zu besorgen. Von all dem war bei den Maoris nichts zu spüren. Sie kannten kein Weihnachtsfest, sie feierten andere Feste. So z. B. das Upaupafest zur Verehrung von Ahnen und Geistern oder Feste zu Ehren der Göttin Oviri, um diese gnädig zu stimmen. Auf diesen Festen wurde gesungen, getrommelt und getanzt. Doch mit den religiösen Traditionen, Riten und Brauchtümern der Maori konnte sich Gauguin nicht so recht anfreunden. Paul wurde bewusst, dass er alleine Weihnachten feiern müsse, denn ebenso wie er, konnten auch die Maori Pauls christliche Riten und Traditionen nicht nachvollziehen. So stand Gauguin ein Weihnachtsfest ohne Krippe, Kerzen, Sterne, Lieder, Schnee, Tannenbaum und Geschenke bevor. Je näher der vierundzwanzigste Dezember rückte, desto trauriger wurde Gauguin. Doch am Heiligen Abend geschah etwas Unerwartetes. Als Paul von der Jagd nach Haus kam und er seine Strohhütte betrat, lag Paura auf dem Bett. Um sie herum standen freudig Eingeborene des Dorfes und hielten ein Neugeborenes in den Armen. Im Hintergrund sah Gauguin seinen Ochs und Esel stehen und ihm wurde bewusst, dass es für ihn kein schöneres Weihnachtsfest hätte geben können, als dieses, an dem ihm das Leben seiner Tochter Paura geschenkt wurde. Wie ähnlich war doch diese Situation der in der Bibel beschriebenen Szene der Geburt Jesu. Gauguin war so voller Glück und Freude, dass er am Tag darauf das Erlebte in einem Bild fest hielt, welches er „Die Geburt Christi" nannte.

Musikalische Annäherung an Fremdes und Bekanntes

In vielen Ländern werden zu Weihnachten andere Instrumente als bei uns benutzt, um Weihnachtslieder zu untermalen. Auch in Tahiti sind den Menschen andere Instrumente bekannt.

Den Kindern werden „exotische" Instrumente, eventuell auch selbst gestaltete Instrumente zur Verfügung gestellt, wie sie vielleicht auch in Tahiti verwendet werden: Regenrohr, Rasseln, Bongos, Klanghölzer, Tambourin u. a. Mit Hilfe dieser exotischen Instrumente werden das Bild oder bekannte deutsche Weihnachtslieder (Stille Nacht, Alle Jahre wieder u. a.) verklanglicht.

In vielen fremden Ländern tanzt man zu Weihnachten im Gottesdienst um die Geburt des Jesuskindes zu feiern.

Gemeinsam mit den Kindern werden bekannte deutsche Weihnachtslieder tänzerisch oder pantomimisch in Bewegung umgesetzt.

Weihnachtsbrauchtum in aller Welt

Kinder feiern Aguinaldo

In Tahiti treffen sich heute die Not leidenden Menschen am Heiligabend mit Nachbarn, Freunden und Bekannten zum *Aguinaldo*. Dabei ziehen sie tanzend und singend durch die Straßen zu den gut verdienenden Menschen. Vor deren Häusern erzählen sie – ähnlich einer Moritat – singend die Weihnachtsgeschichte. Dabei spielt innerhalb des Textes besonders Gottvater eine wichtige Rolle, der die Menschen an Weihnachten reichlich beschenkt hat, indem er Jesus als Erlöser auf die Erde sandte. Die Singenden fordern die Reichen auf, es ihm gleich zu tun und von ihrem Reichtum etwas abzugeben. Die Gesangsgruppen singen und tanzen solange, bis sie von den Reichen beschenkt werden. Aguinaldo heißt auch: Familien laden ärmere Menschen ein, das Fest mit ihnen zu feiern.

★ Kinder leben den Aguinaldo nach, indem sie z. B. Spielzeug in ihrer Einrichtung sammeln, um es bedürftigen Kindern zu geben.

★ In der Einrichtung wird eine „Geben-und-Nehmen-Ecke" eingerichtet, in der jedes Kind etwas hinlegen darf, von dem es sich trennen kann und wovon es glaubt, dass es einem anderen Kind damit Freude macht. Legt es etwas hinein, darf es sich auch etwas herausnehmen, was ein anderes Kind bereits hineingelegt hat.

Aguinaldolied – Heilige Nacht

Text: Ludwig Thoma, Musik: überliefert

1. So war der Herr Je - sus ge - bo - ren
im Stall bei der kal - ten Nacht.
Die Ar - men, die ha - ben ge - fro - ren,
den Rei - chen wars warm ge - macht.

2. Sein Vater ist Schreiner gewesen.
   Die Mutter war eine Magd.
   Sie haben kein Geld nicht besessen,
   die haben sich wohl geplagt.

3. Kein Wirt hat ins Haus sie genommen.
   Sie waren von Herzen froh,
   dass sie noch in Stall sind gekommen.
   Sie legten das Kind in Stroh.

4. Die Engel, die haben gesungen,
   dass wohl ein Wunder geschehn.
   Da kamen die Hirten gesprungen
   und haben es angesehn.

5. Die Hirten, die will es erbarmen,
   wie elend das Kindlein sei.
   Es ist eine G'schicht für die Armen.
   Kein Reicher war nicht dabei.

Es handelt sich bei diesem Lied um eine Moritat. Zu den einzelnen Strophen können die Kinder Bilder malen, die beim Vortrag der Moritat gezeigt werden.

Mexico – Pinata

Die Mexikaner beginnen mit dem Weihnachtsfest schon eine Woche vor den eigentlichen Weihnachtsfeiertagen. Währenddessen werden sieben Tage lang traditionelle Krippenspiele aufgeführt. Das Ende dieser Woche bildet das so genannte *Pinataschlagen*. Pinataschlagen ist eine Form des Topfschlagens. Ein buntgeschmückter Topf aus Ton oder Pappmache, welcher prall mit Nüssen, Süßigkeiten und Früchten gefüllt ist, hängt an der Decke. Mit verbunden Augen versuchen die Kinder, ihn mit einem Stock herunter zu schlagen. Fallen die Süßigkeiten zu Boden, werden diese an alle verteilt.

Eine solche Pinata kann man leicht mit den Kindern herstellen.

Material: Tapetenkleister Papier (Zeitungspapier, Geschenkpapier), Luftballon, Farbe, Pinsel, Becher, Schüssel

Das Papier wird in kleine Schnipsel gerissen (4 cm) und der Tapetenkleister wird laut Packungsvorschrift angerührt. Dann wird der Luftballon aufgeblasen. Hat der Tapetenkleister lang genug gezogen, werden die Papierschnipsel kurz in diesen eingetaucht und auf den Ballon geklebt. Dabei sollte darauf geachtet werden, dass mindestens vier Schichten der Papierschnipsel übereinander aufgetragen werden. Bis auf eine kleine Öffnung wird der Ballon ganz und gar zugeklebt. Dann benö-tigt das Gebilde einige Tage zum Trocknen. Nach der Trocknungsphase ist das Papier durch den Kleister so fest, dass man mit einer Stecknadel den Luftballon durchstechen kann. Der Luftballon wird herausgezogen und die Pinata mit Süßigkeiten gefüllt. Mit ein Paar Schnipseln und etwas Tapetenkleister wird sie anschließend ganz und gar verschlossen. Dabei an kleine Löcher denken, damit die Pinata später aufgehängt werden kann! Nach einer weiteren Trocknungsphase wird durch die Löcher ein Seil gezogen und die Pinata an der Decke aufgehängt. Am letzten Tag vor den Weihnachtsferien ist das Schlagen der Pinata sicherlich ein Ereignis in jeder Einrichtung. Dazu werden den Kindern die Augen verbunden, sie erhalten einen Stock und müssen versuchen die Kugel zum Platzen zu bringen, so daß alle Leckereien zu Boden fallen können.

Tipp: Wer möchte, kann die Pinata auch bemalen oder plastisch ausgestalten.

Luminaris

Ein weiterer mexikanischer Brauch sind die so genannten *Luminarias*. Dabei handelt es sich um Festtagslichter, welche den Weg zur Christmette schmücken. Dieser Brauch geht auf die Sage zurück, dass Christkind wandere in der Christnacht umher und segne die Häuser, in denen ein Licht steht.

Material: Papiertüten oder Dosen (bei letzteren auch Hammer und Nagel),

Schere, Sand, Teelicht, Stopfnadel oder Prickelnadel

Der Rand der Tüte wird auf ungefähr 15 cm herunter geschnitten. Dann wird ein Muster auf das Papier aufgezeichnet (Sterne, Tiere usw.). Entlang der eingezeichneten Linie werden anschließend Löcher in die Tüte gestochen oder geprickelt. Anschließend wird die Tüte mit einer Tasse Sand gefüllt. In den Sand wird dann das Teelicht platziert. Durch die Löcher fällt beim Anzünden des Lichtes ein schöner Lichtschein.
Alternative: Butterbrotpapiertüten werden bemalt. In diese werden leere Marmeladengläser gestellt, in welche Teelichter gestellt werden.

Wer leere Konservendosen zum Bearbeiten wählt, muss mit Hilfe des Nagels und eines Hammers Löcher in die Dosen schlagen. Anschließend wird auch in die Konservendose eine Tasse Sand gefüllt und das Ganze mit einem Teelicht bestückt.

Italien – La Befana
In Italien dauert die Weihnachtszeit vom 25. Dezember bis zum 6. Januar. So feiert man neben dem Weihnachtsfest noch ein weiteres Fest am 6. Januar, welches in engem Kontakt zu Weihnachten steht. An diesem Tag kommt *La Befana* eine gutmütige alte Hexe zu den Kindern. Sie reitet auf einem Besen durch die Luft von Dach zu Dach und kommt durch die Schornsteine zu den Kindern. Den artigen steckt sie Süßigkeiten, den weniger artigen Kindern Kohle in einen Strumpf, der neben dem Bett aufgehängt wurde.
Der Legende nach soll La Befana sich nicht schnell genug auf den Weg zur Krippe gemacht haben. Sie hat den Stern verpasst, der ihr den Weg hätte zeigen können. Deshalb irrt sie noch immer durch die Welt auf der Suche nach dem Christkind. Da sie es in jedem Haus vermutet, hinterlässt sie immer ein Geschenk in der Hoffnung, das Christkind möge sich daran erfreuen.

La Befana und der Weihnachtsstern
Vor ungefähr 2000 Jahren lebte in Italien die kleine gutmütige Hexe La Befana. Sie war sehr unternehmungslustig und hatte viele Freunde. Besonders bei den italienischen Schafhirten war La Befana sehr beliebt. Immer wenn eines der Schafe krank war, wusste die Hexe Rat. Dann kannte La Befana ein heilendes Kräutchen, welches dem Schaf nur unter das Fressen gemischt werden musste und schon ging es ihm viel besser.
So war es auch damals, kurz nach Weihnachten, als der Hirte Adamio mit einem kleinen kranken Schaf zu La Befana kam. Das Schäfchen hatte sich das Bein gebrochen und der Hirte erzählte La Befana, wie es dazu gekommen war.
„In der Heiligen Nacht", so erzählte Adamio, „sind Engel zu uns Hirten auf die Wei-

de gekommen. Sie haben uns von einem kleinen Kind erzählt, welches in einem Stall in einer Krippe zur Welt gekommen war. Es war das Jesuskind, welches den Menschen Friede auf Erden bringen wird. Sie berichteten auch, dass über dem Stall ein großer klarer Stern steht, den man von überall sehen kann und der alle einlädt, zur Krippe zu kommen und das Kind willkommen zu heißen. So haben wir uns mit unseren Schafen eilig auf den Weg gemacht und sind dem hellen Schein der Engel und des Sternes gefolgt. Dabei ist mein kleines Schaf in der Eile gestolpert und hat sich das Bein gebrochen. Ich habe es bis zum Stall, wo das Jesuskind lag, getragen, denn ich wollte um keinen Preis der Welt dieses Ereignis verpassen. Denn wann wird schon mal ein armer kleiner Hirte zu einem so feierlichen Anlass eingeladen? Bei unserer Ankunft drang aus dem Stall ein solch heller Lichtstrahl, dass man vor lauter Licht kaum das Kind sah, so geblendet waren wir alle. Aber die Stimmung im Stall war beruhigend und friedlich. Studenlang hätte man vor der Krippe ausharren können. Viele meiner Freunde sind noch dort geblieben. Aber ich musste ja wegen meines Schäfchens zu dir kommen, liebe Befana. Doch sobald es dem Schaf besser geht, mache ich mich wieder auf den Weg zur Krippe.

La Befana war so begeistert von dem, was der Hirte erzählte, dass sie sich fest vornahm, ebenfalls das Kind in der Krippe aufzusuchen. Der Weg schien ja kein großes Problem zu sein. Adamio hatte von einem großen hellen Stern gesprochen, welcher ihr den Weg zeigen würde. Mit ihrem fliegenden Besen würde sie sicherlich den Stall noch besser finden als die Hirten. Deshalb dachte sie, sie könne sich noch etwas Zeit lassen, um dem Kind ihre Aufwartung zu machen. Außerdem brauchte sie dringend noch ein Gastgeschenk. Also fing sie an zu backen, zu kochen, zu packen und es verging ein Tag, eine Woche, ein Monat, ein Jahr und als La Befana in all ihrer Geschäftigkeit endlich Zeit hatte zum Himmel zu blicken um dem Stern zur Krippe zu suchen, war er verschwunden. La Befana wurde ganz traurig, sie hatte sich doch so darauf gefreut, dem Christkind Plätzchen aus gesunden Kräutern zu bringen, welche diesem lebenslange Gesundheit gewähren würden. Sie ärgerte sich über sich selbst. Warum war ihr auch alles andere wichtiger gewesen als dieser funkelnde Stern am Himmel. Hätte sie sich doch früher auf den Weg gemacht, dann wäre alles so einfach gewesen. Doch wer der Meinung ist, La Befana hätte einfach die Suche nach dem Jesuskind aufgegeben, der irrt. Im Gegenteil, sie beschloss so lange nach ihm zu suchen, bis sie es finden würde. So schwer konnte das ja nicht sein.

Deshalb irrt sie noch immer durch die Welt auf der Suche nach dem Christkind. Da sie es in jedem Haus vermutet, hinterlässt sie dort ein Geschenk, in der Hoffnung das Christkind möge sich daran erfreuen.

Israel – Hanukkah

Während wir uns auf Advent und Weihnachten vorbereiten, feiern die Juden am 25. Tag des jüdischen Monats Kislev (meist im Dezember) das Lichterfest Hanukkah. Das Fest wurde nach dem achtarmigen Leuchter (*Hanukkiya*) benannt, der im Mittelpunkt des Festes steht. Hanukkah wird acht Tage lang gefeiert. Für jede Nacht des Festes besitzt der Kerzenleuchter eine Kerze. Die mittlere der neun Kerzen, Schamasch genannt, wird benötigt, um die anderen Kerzen anzuzünden. Dabei wird immer die neue Kerze zuerst angezündet. Bei diesem Fest erinnern sich die Juden nicht an die Geburt Jesu, sondern an den Tag, an dem der Tempel Jerusalems neu geweiht wurde. Hanukka wird, wie bei uns das Weihnachtsfest, mit Geschenken, Kartengrüßen und Leckereien gefeiert. Auch traditionelle Spiele werden an diesem Feiertag mit der ganzen Familie gespielt so z. B. das Spiel *Dreidl*.

Hanukkiya

Material: 1 m lange Holzlatte, 9 Schraubdeckel von Sprudelflaschen, Hammer, 9 Nägel, 9 Kerzen

Auf die Holzlatte werden mit einem Hammer neun Schraubdeckel so mit einem Hammer befestigt, dass die Schraubdeckel anschließend als Kerzenständer dienen. In jeden Kerzenständer werden anschließend Kerzen gesteckt. Eventuell kann man für die mittlere Kerze eine andere Farbe verwenden. Diese mittlere Kerze, die Schamasch, dient entsprechend dem jüdischen Brauch dazu, die anderen Kerzen anzuzünden.

Dreidl

Material: viereckiger Bierdeckel, Bleistift, viele goldene Schokoladentaler, zwei halbe Holzkugeln

Die vier Seiten des Bierdeckels werden mit vier unterschiedlichen Spielanweisungen beschriftet:

★ Nimm alle Goldtaler aus der Mitte.
★ Nimm die Hälfte der Goldtaler aus der Mitte.
★ Gib zwei deiner Goldtaler in die Mitte.
★ Du bekommst keinen Goldtaler.

Die beiden Holzhalbkugeln werden jeweils auf der oberen und auf der unteren Seite des Bierdeckels in der Mitte zentriert und mit der flachen Seite aufgeklebt – schon ist der Spielkreisel fertig.

Beim Spiel gelten folgende Regeln: Der Kreisel wird gedreht. Je nachdem, mit welcher Seite er auf den Tisch auffällt, muss die entsprechende Spielanweisung befolgt werden.

Jedes Kind erhält vorab 20 Goldtaler. In der Mitte liegen ebenfalls 20 Goldtaler. Gewonnen hat derjenige, der die meisten Goldtaler mit Hilfe des Kreisels gewinnen konnte. Es scheidet aus, wer keine Taler mehr hat.

Polen

In Polen gibt es kein Weihnachtsfest ohne Weihnachtsoblaten. Dabei handelt es sich um eine rechteckige Backoblate, in die ein weihnachtliches Motiv eingeprägt ist. Am heiligen Abend, nachdem das Weihnachtsevangelium gelesen ist, werden diese untereinander geteilt. Dieser Brauch steht als Zeichen der Liebe und der Versöhnung. Er symbolisiert, dass die Familie das Leben miteinander teilen will. Auch Scherenschnitte sind ein beliebtes Brauchtum in Polen. Dort werden sie Wycinanki genannt. Zur Weihnachtszeit bekleben die Polen ihre Fenster mit weihnachtlichen Motiven wie Eiskristallen, Tannenbäumen oder Krippen.

Weihnachtsoblaten

Material: Aluschalen von Teelichtern, Katzen- oder Hundefutter, Fertiggerichten usw., Kugelschreiber, Mehl, Wasser, Löffel, Becher, etwas Margarine

Der Schalenrand wird auf ungefähr 1 cm herabgeschnitten. Von außen wird mit Hilfe des Kugelschreibers ein Motiv (weihnachtliches Motiv) auf den Boden der Aluschale gemalt. Dieses Motiv drückt sich dadurch ins Innere durch und wird beim Backen in den Teig eingeprägt.

Teig: Mehl und Wasser werden miteinander so vermischt, dass eine Art fließender Brei entsteht. Dieser Brei wird ungefähr 3 mm in die vorher gestaltete und eingefettete Form eingefüllt. Der Backofen wird auf 220 Grad vorgeheizt und der Teig bei gleicher Temperatur zwischen 10 und 15 Minuten gebacken.

Wycinanki

Material: quadratisches weißes Faltpapier, Schere, Lineal

Das Faltpapier wird dreimal in der Mitte zusammengefaltet.

1. Das Papier wird einmal diagonal gefaltet so entsteht ein Dreieck.
2. Das Dreieck wird mit den beiden spitzen Ecken aufeinander gelegt. Es entsteht ein kleines Dreieck.
3. Der zweite Faltvorgang wird wiederholt. Das bedeutet, die spitzen Ecken werden noch einmal aufeinander gelegt.

Dann werden an allen Seiten Kerben und Muster eingeschnitten. Anschließend wird das Papier wieder auseinandergefaltet. Wer möchte, kann sich dabei an den Vorzeichnungen orientieren. Die schwarz gezeichneten Flächen bleiben als Papierstege stehen. Zum Vorschein kommen wunderschöne filigrane Sterne und Eiskristalle.

die Kinder. Deshalb hängen sie am Heiligen Abend Weihnachtsstrümpfe an den Kamin, damit der Weihnachtsmann sie füllen möge. Am 1. Weihnachtstag findet das eigentliche Weihnachtsfest statt. Nach dem Essen werden alle beschert. Sind alle Geschenke verteilt, erhält jeder ein *Knallbonbon* als Geschenk, welches für Kinder Süßigkeiten enthält und für die Großen weise gut gemeinte Sprüche preis gibt. Die Knallbonbons dürfen nicht so einfach geöffnet werden, sondern zwei Leute ziehen sie auseinander. Derjenige bekommt das Geschenk, welcher das längere Ende in Händen hält.

Material: leere Küchenpapierrolle; Geschenkpapier, Klebeband, Servietten oder Zeitungspapier; Geschenkband; Süßigkeiten oder kleine andere Überraschungen, welche in die Papprolle passen.

Die Papprolle wird mit Süßigkeiten gefüllt. Dann werden die verbleibenden Hohlräume mit Zeitungspapier ausgefüllt. Anschließend wird vom Geschenkpapier ein Streifen abgeschnitten, der doppelt so breit ist wie die Papprӧhre. Hier hinein wird die Papprolle eingerollt und mit Klebeband festgeklebt. Die Enden des Papiers werden eingeschnitten, verdreht und mit einem Geschenkband zugebunden. Jetzt kann das Geschenk noch dekoriert werden, indem es mit ausgeschnittenen Motiven beklebt wird.

Tipp: Wer möchte, kann seine Eiskristalle veredeln, indem sie ganz kurz an einem Faden hängend in heißes Wachs eingetaucht werden. Dazu werden in einem alten Topf Kerzenreste in einem Wasserbad erhitzt.

England – Knallbonbonspiel
Wie in Italien die Hexe „La Befana", kommt in England der Sage nach in der Heiligen Nacht der Weihnachtsmann durch den Schornstein und beschenkt

Dänemark

Vor dem 13. Jahrhundert hat man das Julfest in der Mittwinternacht begonnen. Das
Julfest war damals ein vorchristlicher Ern-
te- und Winterbrauch. Anfang des 13. Jahr-
hunderts lebte König Hakon. Dieser war
ein guter Christ und beschloss künftig das
Julfest mit dem christlichen Weihnachtsfest zusammen zu legen. So wurden vor-
christliche Bräuche mit christlichen Bräu-
chen in Dänemark vermischt.

Auf Dänisch heißt „Fröhliche Weihnacht"
„Glaedelig Jul". In Dänemark feiert man
dieses Fest mit Freunden und Bekannten.
Dabei ist der Tannenbaum der dekorative
Mittelpunkt des Festes. Er steht in der Mit-
te der Julstube, so dass die Familie mit den
Freunden um ihn herum tanzen kann.

Mandelen i groden

Reisbrei mit Mandeln gehört in Dänemark
zu Weihnachten unbedingt dazu. Mit dieser
Nachspeise ist auch ein kleines Spiel verbunden. Neben vielen gehackten Mandeln
enthält dieser Reisbrei auch eine ganze
Mandel. Derjenige, welcher die ganze Mandel erwischt, darf sich, nachdem die Schüssel ganz leer ist (sonst wäre ja die Spannung
dahin, wer wohl die Mandel hatte) melden.
Er erhält dann ein kleines Geschenk.

Rezept für 4 Personen: 60 g Reis, $\frac{1}{2}$ l Milch,
50 g gehackte Mandeln, 2 El Zucker, 100 ml
Sahne, 1 ganze geschälte Mandel

Der Reis wird gekocht. Die Sahne geschla-
gen. Sahne, Zucker, und gehackte Mandeln
werden untergehoben. Anschließend wird
dem Brei noch die Mandel hinzugefügt.
Heiße Kirschen schmecken dazu besonders gut.

Der Brauch um die Nisse

Ein weiterer Brauch rankt sich um den Julegrod Brei. In Dänemark werden die
Heinzelmännchen *Nisse* genannt. Sie wohnen der Sage nach mit ihrer Familie auf
dem Heu- oder Dachboden eines jeden
Hauses. Nur in der Nacht, wenn die Menschen schlafen, tummeln sie sich im Haus.
Sie gelten als stille Helfer des Weihnachts-
mannes und sind nachts die geheimen Ge-
hilfen einer jeden Familie. Die Nisse helfen
den Menschen in Not, werden aber auch
ärgerlich, wenn sie sich nicht gut behan-
delt fühlen. Das ist der Fall, wenn die dänischen Familien am Weihnachtsabend ver-
gessen den Nissen eine Schüssel Julegrod
auf den Heuboden zu bringen. Auch heute
noch stellt man am Weihnachtsabend eine
Schüssel des Julegrod mit einem großen
Stück Butter auf den Dachboden, um den
Nissen Dankbarkeit und Respekt vor der
ganzjährigen Hilfe zu zeigen.

Dänisches Herz

Typisch für den dänischen Weihnachts-
schmuck sind zweifarbig geflochtene Her-

zen. Ebensolche Sterne kennen wir bei uns unter dem Namen Froebelsterne. Die dänischen Herzen gehen auf den Dichter Hans Christian Andersen zurück.

Material: Buntpapierreste, Schere

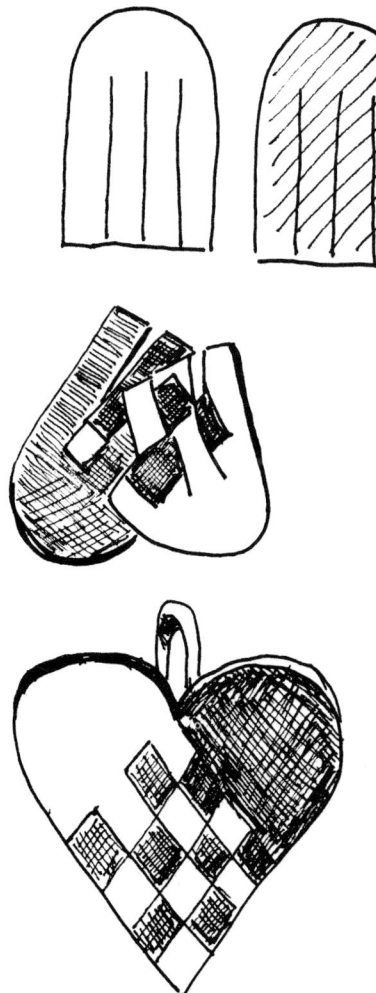

Das Buntpapier wird gefaltet, damit es doppelt liegt und eine Unterkante (obere Skizze) entsteht. Aus den Buntpapierresten werden je zwei verschiedenfarbige, halbe Herzen gemäß der Musterzeichnung zugeschnitten und anschließend dreimal eingeschnitten. Dann werden die Streifen gemäß der Zeichnung miteinander verflochten. Dabei muss darauf geachtet werden, dass der jeweils unterflochtene Streifen zwischen die Streifen des andersfarbigen Buntpapiers geflochten wird. Es ist dann richtig geflochten, wenn sich das Herz öffnen lässt. Denn in Dänemark werden diese Herzen mit Kleinigkeiten oder Süßigkeiten gefüllt und an den Baum gehängt.

Schweden

In Schweden ist es im Winter sehr lange dunkel. Die Menschen sehnen sich nach Licht und verehren in besonderem Maße die Lucia und „lucis" bedeutet Lichtgestalt. Lucia hat der Sage nach vielen Menschen Licht gebracht und deren Leben wieder hell gemacht. Ihr Gedenktag fällt im Advent auf den 13. Dezember und wird in Schweden in besonderem Maße gefeiert. So ranken sich auch viele Bräuche und Legenden um die heilige Lucia.

Heilige Lucia

Lucia wurde 286 in Sizilien in einem Ort namens Syrakus geboren und war Christin. Die Christen der damaligen Zeit wurden jedoch verfolgt. Sie mussten sich ver-

25

stecken um ihr Leben zu schützen. Lucia versorgte sie in ihren dunklen Verstecken mit Lebensmittel. Damit sie die Hände frei hatte, um genügend Essen mit sich tragen zu können, setzte sie sich einen Lichterkranz auf ihren Kopf, damit dieser ihr in der Dunkelheit den Weg leuchten konnte. Lucias Eltern hatten einen reichen Mann für ihre Tochter ausgewählt, den sie heiraten sollte. Da dieser nicht an Gott glaubte, wollte Lucia ihn aber nicht heiraten. Als dem Bäutigam zu Ohren kam, warum er verschmäht wurde, wurde er so zornig, dass er Lucia aus Hass verfolgen ließ. Im Jahre 304 wurde Lucia vom Kaiser zum Tode verurteilt. Man sagt, dass sie von Ochsen zu Tode geschleift werden sollte. Die Ochsen konnten Lucia jedoch nicht von der Stelle bewegen. Daraufhin erstach man sie.

In Schweden erzählt man sich auch folgende Legende: Lucia ist während einer Hungersnot mit einem Schiff vor Anker gegangen und versorgte die Menschen mit Lebensmittel, so dass sie vor dem Hungertod gerettet wurden. Die Heilige stand auf dem Schiff umhüllt von einem goldenen Schein. Deshalb wird sie auch bis heute mit einer Lichterkrone dargestellt.

Lucia-Brauch
Am 13. Dezember schlüpft in Schweden nach altem Brauch die älteste Tochter einer jeden Familie in die Rolle der Lucia. Sie trägt einen grünen Kranz mit brennenden Kerzen auf dem Haupt. So geht sie von Zimmer zu Zimmer und weckt die Familie. Dabei trägt sie die ersten Weihnachtsleckereien mit sich. Die Kerzen, welche sie auf ihrem Kopf trägt, sind die Vorboten des Weihnachtsfestes und künden von der nahen Geburt des Jesuskindes, das Licht in die Welt bringt.

Aber auch in jeder Stadt wird ein Mädchen ausgesucht, welches die Lucia repräsentieren darf. Es trägt ein weißes Kleid mit roter Schärpe und auf dem Kopf eine aus Buchs oder Tanne geflochtene Lichterkrone, welche mit ungefähr sechs Kerzen bestückt ist. Ihre Begleiter und Begleiterinnen tragen ebenfalls weiße Kleidung. Die Mädchen schmücken ihr Haar mit Lametta und die Jungen tragen eine mit Sternen geschmückte weiße Spitzpapiertüte auf dem Kopf.
Viele Gemeinden feiern in ihren Städten und Dörfern das Fest der Lucia auch mit einem Lichter- und Laternenumzug.

Kinder gestalten einen Lichterkranz (für Mädchen)
Material: Tonpapier, 4 – 6 Klopapierrollen, weiße Deckmalfarbe, Pinsel, Becher, Schere, Transparentpapier in Rot, Gelb und Orange, kleine Tannenzweige oder Palmzweige, Tacker, rotes Band

Die Klopapierrollen werden weiß angemalt. Sie dienen später als Kerzen. Dann

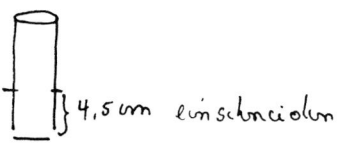

kann an das Stirnband noch kleine Tannen- oder Palmzweige tackern und es mit rotem Band umwickeln.

Kinder gestalten einen Spitztütenhut mit Sternen (für Jungen)

Material: weißes Tonpapier DIN A2, Klebstoff, Schere, Tacker, Goldfolie

Aus dem weißen Tonpapier wird ein Halbkreis (40 cm Durchmesser) zugeschnitten. Dieser wird zu einem Spitzhut (Feenhut) geformt, indem die Enden aneinander getackert werden. Dann werden aus der Goldfolie Sterne zugeschnitten und anschließend auf den Hut aufgeklebt.

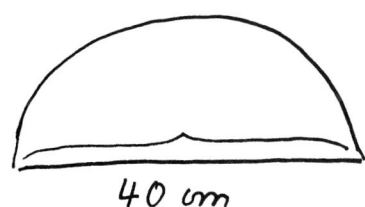

wird aus dem Tonkarton ein ungefähr 6 cm breites Stirnband zugeschnitten. Der Kartonstreifen muss so lang sein, dass er um den Kopf passt. Die Enden des Pappstreifens werden anschließend aneinander getackert. Sind die Klopapierrollen getrocknet, werden diese gegenüberliegend jeweils zweimal 4,5 cm tief eingeschnitten. Dann wird das Stirnband in die Schlitze der Pappröhren geschoben. Anschließend werden die Kerzen mit Flammen versehen. Dazu werden aus dem Transparentpapier Flammen zugeschnitten, welche anschließend im Inneren der Röhre mit Klebstoff fixiert werden. Wer möchte,

27

Kinder bringen Licht zu alten und einsamen Menschen

Warum nicht selber einen Santa Lucia-Umzug mit Kindern organisieren, bei dem arme und kranke Menschen mit Licht erfreut werden? Dazu kann man die zuvor gestalteten und zum Lucia-Brauch gehörigen Accessoires einsetzen. Die Mädchen tragen die Lucia-Krone, ein weißes Gewand, welches aus einem Leintuch zugeschnitten werden kann, und eine rote Scherpe. Die Jungen tragen ihre Spitzhüte. Einige Kinder erhalten Kerzen, die anderen Schalen gefüllt mit Plätzchen, welche sie den besuchten Menschen entsprechend des Lucienbrauches überreichen.

SYMBOLE

Stefan Lochner
(um 1400)

Stefan Lochner wurde vermutlich um 1400 in Hagenau am Bodensee geboren. Man weiß über ihn nur sehr wenig. Dennoch wurde er zum wohl bedeutendsten Maler seiner Zeit. Es wird vermutet, dass er seine Ausbildung in der Zeit von 1414–1418 in der Nähe von Konstanz absolviert hat und dass ihn seine Kenntnisse über die italienische und die niederländische Malerei geprägt haben. Zwischen 1420 und 1430 soll er nach Köln gereist sein, um dort seine Ausbildung als Meister zu beenden. Sein Wissen über die italienische und niederländische Malerei machten ihn in Köln zu einem angesehenen Maler. Dies belegt auch ein Auftrag im Jahre 1442. Der Meister Stefan Lochner erhält die Aufgabe, den Festschmuck zum Besuch des Kaisers Friedrich III. zu gestalten. 1451 stirbt Stefan Lochner. Die wenigen Bilder, die von ihm existieren, sind über viele Länder verteilt. Eines der bekanntesten ist das Bild „Muttergottes in der Rosenlaube".

Muttergottes in der Rosenlaube
(1450/1451, Wallraf-Richartz-Museum, Köln)

Bei der Darstellung „Muttergottes in der Rosenlaube" handelt es sich um ein kleinformatiges Andachtsbild, welches vermutlich von einer frommen und gebildeten Person in Auftrag gegeben wurde, um davor betend in Andacht zu verharren. Namentlich ist der Auftraggeber jedoch unbekannt. Das Bild zeigt Maria als Himmelskönigin. Symbolisiert wird dies durch den blauen Mantel und die Krone, welche sie schmücken. Den Jesusknaben auf dem Schoß, sitzt sie von elf Kinderengeln umgeben thronend in einer mit Rosen geschmückten Laube. Vier Engel musizieren, zwei andere schieben einen kostbaren Vorhang beiseite. Dadurch eröffnet sich dem Betrachter ein paradiesähnlicher Anblick auf Maria und das Kind. Beide sitzen vor einem goldstrahlenden Hintergrund. Ein Pflanzenteppich aus Erdbeeren, Maßliebchen und Veilchen liegt Maria zu Füßen. Stefan Lochner bediente sich bei der Gestaltung des Andachtsbildes einer umfangreichen mittelalterlichen Symbolsprache. Er überließ nichts dem Zufall. An dieser Stelle sollen nur einige Details repräsentativ hervorgehoben werden:

★ Rose: Symbol von Liebe und Zeichen der Schönheit Marias
★ Veilchen: Symbol für Marias Bescheidenheit
★ Blatt der Erdbeere: Zeichen der Demut und Dreifaltigkeit
★ Krone: Symbol der Königin
★ Taube: Symbol des Friedens
★ Blaues Gewand: Symbol der Treue und Reinheit Marias
★ Garten: Symbol für Paradies
★ Apfel in der Hand Jesu: Mit einem Apfel verschenkt man seine Liebe.

Die Bedeutung von Symbolen

Nicht nur unsere Gesellschaft bedient sich einer umfangreichen Symbolsprache. Alle Epochen bedienten sich einer Bildersprache, welche auch denen zugänglich war, die weder schreiben noch lesen konnten. Auch heute halten tagein und tagaus neue Symbole Einzug in unser Erkennungsrepertoire. Symbole umgeben uns überall. Sie helfen uns in kürzester Form Informationen im Bild mitzuteilen. Symbole sind Zeichen, Bilder oder Piktogramme welche Inhalte vermitteln sein. Sie begegnen uns als Verkehrsschilder, Firmenlogos, Hinweise usw.

Die Symbolsprache verzichtet weitestgehend auf Buchstaben, stattdessen nutzt sie Bilder, Motive, Farben und Formen. Diese Bildersprache spricht insbesondere Kinder an, denn sie denken in Bildern und drücken sich in ihrer symbolhaften Bildersprache aus. So verwundert es kaum, wenn Zweijährige eine Einkaufskette von der anderen nur an Hand des Signums unterscheiden können. Denn das Logo hat sich bereits in ihrem Kopf eingeprägt.

Auch Feste sind umgeben von Symbolen, welche auf das Fest verweisen. Besonders die Vorweihnachtszeit und die Weihnachtszeit bedienen sich einer Umfangreichen Symbolik um auf das Fest hinzuweisen und es zu feiern. Dazu gehören der Adventskalender ebenso wie der Adventskranz oder der Tannenbaum. Diese Symbole machen Kindern die Advents- und Weihnachtszeit zu einer spannungsreichen und besonderen Zeit. Aber auch Farben wie Gold, Rot und Grün spielen ihre besondere Rolle in dieser Zeit. Jedoch nicht nur visuell wahrnehmbare Zeichen verweisen auf das Weihnachtsfest, sondern auch gustatorische und olfaktorische Wahrnehmung geben symbolisch Hinweis auf das Fest. Man denke dabei nur an weihnachtlich duftenden Lebkuchen, gebackenen Stollen, an Bratäpfel und Nüsse. Nehmen wir also diese symbolträchtige Zeit zum Anlass, mit Kindern die Symbolvielfalt ganzheitlich zu erleben.

Annäherung an das Bild

Bildpräsentation

Die Kinder sitzen im Stuhlkreis. Die Erzieherin hat eine Rose besorgt. Sie schenkt diese Rose einem Kind im Stuhlkreis mit den Worten: „Ich schenke dir diese Rose, weil du so lieb warst." Dieses Kind hat nun die Aufgabe die Rose an ein nächstes Kind weiter zu verschenken und ihm was Nettes dabei zu sagen. Dieses Spiel geht solange, bis alle die Rose mit ein paar liebenswerten Worten erhalten haben.

Dann wird das Bild von Lochner als Vergrößerung auf den Boden innerhalb eines Stuhlkreises gelegt. Anschließend wird der Inhalt des Bildes mit Hilfe der Fragen er-

arbeitet. Den Kindern soll dabei deutlich gemacht werden, dass die Rose ein Symbol der Liebe ist. Dann erhält jedes Kind eine Blume. Wer möchte kann Maria diese Blume schenken in dem die Blume um das Bild gelegt wird.

Fragen zum Bild

1. Was könnt ihr auf dem Bild erkennen?
2. Wie viele Engel sind auf dem Bild dargestellt?
3. Wie viele Engel musizieren?
4. Welches Lied würdet ihr für das Jesuskind anstimmen?
5. Wer wird auf dem Bild dargestellt?
6. Kennt ihr diese Frau und das Kind?
7. Wo befinden sich auf dem Bild Pflanzen?
8. Kann mach auch Rosen erkennen?
9. Was bedeutet es, wenn man Rosen verschenkt?
10. Warum hat der Maler Maria die Rosen geschenkt?
11. Kennt ihr andere Zeichen die auf Weihnachten oder auf die Liebe verweisen?
12. Kennt ihr andere Zeichen die auf etwas hinweisen?

Erzähl-Geschichte zum Bild

Es war eine Nacht wie jede andere, kalt und dunkel. Der Wind rauschte durch die Bäume. Maria und Josef waren auf der Suche nach einer Herberge. Maria war müde und ihre Beine drohten sie nicht mehr zu tragen. Sie erwartete ein Baby und stand kurz vor der Geburt. Die Herbergen waren jedoch alle überfüllt und niemand wollte oder konnte den beiden Unterkunft gewähren. Auf ihrer Wanderschaft hörte Maria plötzlich eine leise Stimme. Verunsichert blieben Josef und Maria stehen und lauschten woher dieses Schluchzen kam. Da erkannten sie am Wegrand eine kleine Erdbeerpflanze. Josef beugte sich zu ihr hinunter und fragte: „Warum weinst du?" Da sagte die Erdbeerpflanze ganz traurig: Es ist so schrecklich! Ich wachse hier mitten auf dem Weg und immer wenn jemand vorbeikommt bange ich um mein Leben. Denn wie schnell bin ich mit samt meinen Früchten zertreten und dann kann ich keine Frucht mehr hervorbringen und muss sterben. Maria und Josef hatten Mitleid mit dem Erdbeerstöckchen, gruben es aus und versprachen, sobald sie Rast machten, es an einem geschützten Platz wieder einzupflanzen. So zogen Maria und Josef mit der Erdbeerpflanze weiter über Wiesen und Felder.

Nach einiger Zeit hörten die beiden erneut eine verzweifelte Stimme. Sie hielten inne um zu lauschen, woher das Weinen kam. Da sahen sie einen halb vertrockneten Rosenstock, der nur noch wenige grüne Blätter besaß. „Helft mir", sprach der Rosenstock, „ich weiß nicht wie ich in eine solch gottverlassene Gegend gekommen bin und niemand ist hier um mich zu hegen und zu pflegen

und der Boden bekommt mir überhaupt nicht. Wenn meine Wurzeln sich nicht bald in einem anderen Boden ausbreiten dürfen, werde ich verdursten und vertrocknen." Maria und Josef hatten Mitleid mit dem Röslein. Sie gruben es aus und nahmen es mit auf ihrem Weg, um es ebenfalls bei ihrer nächsten Rast auf gutem Boden einzupflanzen, damit es gedeihen möge. Nach einigen weiteren Stunden der Wanderung wurde Maria immer schwächer. Sie merkte, dass die Geburt kurz bevor stand und sie bat Josef nach einem geeigneten Rastplatz Ausschau zu halten. In der Ferne sah Josef einen kleinen dunklen Stall der von zwei Bäumen, welche man Goldregen nennt, flankiert war. Josef hoffte, dass sie beide sich im Schutze der Hütte ausruhen könnten. Doch der Stall war verschlossen. „Lass uns dennoch hier eine kurze Zeit verweilen." bat Maria Josef, „Während ich mich ausruhe, sollten wir den Rosenstock und die Erdbeerpflanze wieder einpflanzen. Hier stehen beide geschützt und der Boden scheint ebenfalls sehr nahrhaft zu sein.

„Während Josef die beiden Pflanzen in den Boden eingrub, geschah im Schatten der beiden Goldregenbäume etwas ganz besonderes. Maria gebar das Jesuskind. Noch ehe Josef von dem Ereignis Kenntnis nahm, fingen die Goldregenbäume mitten im Winter an zu blühen. Vor Freude über das Neugeborene ergossen sie ihr Blütengold über Maria und das Kind. Auch das Erdbeerstöckchen bemerkte die so stille und ärmliche Geburt des Heilandes und wuchs rasch zu einem großen Erdbeerteppich heran um das Kind freudig zu begrüßen und ihm zu huldigen. Und der gerade eben eingepflanzte Rosenstock konnte sein Glück, an diesem außergewöhnlichen Ereignis teilzunehmen, kaum fassen und wuchs in Windeseile zu einem blühenden und beschützenden Baldachin heran. Marias Glück über die Geburt des kleinen Jesu war so groß, dass sie glaubte der Himmel über ihr öffne sich und Tausende von Engeln singen und musizierten zu Ehren ihres Sohnes. Josef jedoch war stiller Beobachter der Ereignisse und wünschte sich insgeheim, der Zauber dieses Augenblicks möge für immer andauern.

Blumencollage auf Goldfolie

Material: Zeitschriften, Blumenkataloge, Kleber, Schere, Goldfolie

Um deutlich zu machen, wie sehr man jemandem mag, schenkt man ihm häufig Blumen.
Die Kinder bringen ein Foto von jemandem mit, den sie sehr gern haben. Dieses Foto wird in die Mitte des Goldfolie geklebt. Dann suchen die Kinder aus Zeitschriften Blumen, schneiden diese aus und umkleben die betreffende Person mit den ausgeschnittenen Blumen.

Spaziergang durch eine Winterlandschaft

Die Kinder werden aufgefordert, während eines Spaziergangs nach Blumen Ausschau zu halten. Wieder in der Einrichtung angekommen, soll ein Gespräch stattfinden darüber, ob man viele Blumen finden konnte. Es soll dabei herausgearbeitet werden, dass eine Blume im Winter etwas ganz Besonderes ist. Die Geburt des Jesuskindes ist auch etwas ganz Besonderes. Deshalb wird sie oft verglichen mit einer im Winter blühenden Blume, die ein Zeichen für neues Leben ist. Die Kinder sprechen anschließend darüber, ob sie weitere Zeichen und Symbole der Vorweihnachts- und Weihnachtszeit kennen.

Das Bild nachstellen

Material: Goldfolie, Klebeband, Marienstatue mit Kind, Vasen in der Anzahl der Kinder, Barbarazweige in der Anzahl der Kinder, eventuell Stoff

Die Goldfolie wird mit Klebeband an der Wand befestigt. Davor wird die Marienstatue aufgestellt. Um die Andachtsfigur herum werden die mit Wasser gefüllten Väschen gestellt. Gemeinsam mit den Kinder kann man nun „Barbarazweige" (von Obstbäumen oder Ziersträuchern) schneiden. Jedes Kind erhält einen kleinen Zweig und stellt ihn in seine Vase. Wer möchte, kann auch noch Stoff drapieren, wie auf dem Bild von Lochner dargestellt.

33

Heilige Barbara

Barbara ist die Schutzpatronin der Bergleute und Baumeister.
Sie hatte einen heidnischen Vater, der Kaufmann war. Er konnte Barbaras Liebe zum Christentum nicht nachvollziehen. Aus Wut und Unverständnis über das Verhalten seiner Tochter ließ ihr Vater sie in einen Turm einsperren. Dort ließ sie sich gegen seinen Willen taufen. Aus Zorn übergab ihr Vater sie einem Richter, welcher sie in Haft nahm. Sie wurde gefoltert und gequält. Dennoch entsagte sie ihrem Glauben nicht. Im Jahre 306 wurde Barbara enthauptet. Auf dem Weg zum Gefängnis, so erzählt die Sage, verfing sich ein Kirschbaumzweig in Barbaras Kleid. Sie stellte ihn ins Wasser und am Tag ihrer Hinrichtung erblühte der Zweig. Barbara verstand dies als ein Zeichen für neues Leben.

Barbarazweig als ein Symbol für neues Leben

Alljährlich schneidet man zu Ehren der heiligen Barbara am 4. Dezember im Garten Zweige mit auffälligen Blütenknospen (Forsytien, Kirschbäume u. Ä.). Werden die Äste an diesem Tag geschnitten, spitz angeschnitten und anschließend in warmes Wasser gestellt, so blühen sie an Weihnachten. Natürlich bedarf es dabei genügend Licht, Wärme und pflegender Liebe. Die scheinbar toten Zweige erwachen zu neuem Leben.

Tipp: Es ist eine schöne Geste, am Barbaratag einen solchen Ast (vielleicht mit einem pflegerischen Hinweis) zu verschenken.

Zuckerrosen
Material: Rosen in voller Blüte, Zucker, Eiweiß, Pinsel

Als sei gerade der erst Frost über die Rosen gezogen und hätte einen leichten Raureif hinterlassen, so sehen die Blüten aus, nachdem sie entsprechend dem nachfolgenden Vorschlag bearbeitet wurden.
Die Kinder bestreichen die Rosen mit Eiweiß. Dann tauchen sie diese in Zucker und legen sie auf ein Backblech. Der Zucker wird getrocknet, indem man die Blumen für kurze Zeit in einen auf 80 Grad vorgeheizten Herd schiebt.

Rosen einfrieren
Material: Plastikschüssel mit Wasser, Rose

Man sagt der Rose nach, sie sei die Königin der Blumen. Man muss sie liebevoll und behutsam behandeln. Um sie wie einen kostbaren Schatz zu hüten, kann man sie in die Plastikschüssel mit Wasser eintauchen und in den Kühlschrank stellen. Nach einigen Stunden kann man das gefrorene Wasser aus der Plastikschüssel entfernen und die Rose hat nun einen schützenden Eismantel um sich herum.

Es ist ein Ros entsprungen

Text und Melodie: Nach dem Speyerer Gesangbuch, Köln 1599

1. Es ist ein Ros ent - sprun - gen aus ei - ner Wur-zel zart.
Wie uns die Al - ten sun - gen, aus Jes - se kam die Art
und hat ein Blüm-lein bracht, mit - ten im
kal - ten Win - ter, wohl zu der hal - ben Nacht.

2. Das Röslein, das ich meine,
davon Jesaia sagt,
ist Maria, die Reine,
die uns das Blümlein bracht.
Aus Gottes ewgem Rat
hat sie ein Kind geboren
und blieb doch reine Magd.

3. Das Blümelein so kleine,
das duftet uns so süß;
mit seinem hellen Scheine
vertreibt's die Finsternis,
wahr' Mensch und wahrer Gott,
hilft uns aus allem Leide,
rettet von Sünd und Tod.

Der Text des Liedes überträgt die Symbolik der aufblühenden Rose auf Weihnachten. Es hat seinen Ursprung im Raum Trier. Gemäß einer Erzählung soll der Mönch Laurentius in der kalten Heiligen Nacht eine blühende Rose gefunden haben. Er hat die Rose ausgegraben, zu Hause in einen Topf eingepflanzt und damit den Marienaltar als Symbol des neuen Lebens geschmückt. Diese fromme Legende wird als Deutung des Liedtextes überliefert. Der Text weist jedoch ursprünglich hin auf die genealogische Abstammung Jesu als Reis bzw. Ros aus einem alten Stammbaum, dem Stamm Davids (vgl. Mt 1, 1–16).

Wir messen mit knospenden Zweigen
Lied zum St. Barbaratag

Text: Wilhelm Willms, Musik: Erna Woll

1. Wir mes - sen mit knos - pen - den Zwei - gen die Zeit, vom
Knos - pen zum Blü - hen, vom Knos - pen zum
Blü - hen ist nicht mehr weit.

2. Wir hüten die Blüten in unserem Haus,
   sie sagen im Winter,
   sie sagen im Winter den Frühling
   voraus.

3. Wir trauen den Zeichen, dem Zweig
   und dem Kind,
   wenn wir im Dunklen, wenn wir im
   Dunklen beisammen sind.

Angebote zu weihnachtlichen Symbolen

Die Bedeutung weihnachtlicher Symbole

★ Der Adventskranz aus Tannen ist mit seinen grünen Zweigen Symbol der Hoffnung. Denn die Farbe Grün ist im Winter selten. Die Ringform des Adventskranzes steht symbolisch für Einheit, so wie auch Gott durch Jesu Geburt eins wurde mit den Menschen. Der Adventskranz trägt vier Kerzen entsprechend der vier Adventssonntage. Die Kerzen wärmen, machen Licht und je näher das Weihnachtsfest rückt, desto heller wird ihr Schein. Um 1860 soll Johann Heinrich Wichern, Begründer der inneren Mission, den ersten Adventskranz aufgestellt haben.

★ Der Adventskalender zählt die Tage vom ersten Dezember bis zum Heiligabend und hilft die Wartezeit zu verkürzen.

★ Strohsterne sollen uns mit ihrem Material an das Stroh in der Krippe erinnern.

★ Äpfel stehen symbolisch für die Früchte des Lebensbaumes. Sie gelten aber auch als Symbol der Weltkugel, denn Jesus wird an Weihnachten als Retter der Welt geboren.

★ Christbaumkugeln gelten als die Nachbildungen der Früchte des Lebensbaumes.

Adventskranz

Material: Strohkranzrohling, Tannenzweige, vier rote Kerzen, vier Kerzenhalter zum Aufstecken, Blumendraht, Rosenschere

Mit der Rosenschere schneiden die Kinder viele kleine Zweige (ungefähr 15 cm lang) von den großen Zweigen ab. Diese kleinen Zweige werden von der Erzieherin mit Blumendraht um den Strohrohling gewickelt. In den fertigen Tannenkranz werden die Kerzenhalter eingesteckt und die Kerzen darauf gestellt.

Adventskalender

Material: Pappe türgroß, verschiedene Weihnachtsstoffe oder weihnachtliches Geschenkpapier, Schere, Buchbindeleim oder Kleber, 24 Musterklammern, Bleistift

Mit dem Bleistift wird auf den Karton ein türgroßer Tannenbaum aufgemalt und anschließend ausgeschnitten. Aus den Weihnachtsstoffen werden von den Kindern Schnipsel geschnitten. Diese werden mit Hilfe des Buchbindeleims oder des Klebers dicht nebeneinander auf den Karton geklebt. Die Ränder werden anschließend mit der Schere nachgeschnitten und versäubert. So entsteht ein wunderschöner Weihnachtsbaum. 24 Musterklammern werden über die gesamte Fläche verteilt durch die Pappe gesteckt – fertig ist der Adventskalender. Die Kinder werden nun eingeladen Baumbehang zu basteln. Pro Tag darf immer ein anderes Kind ein Teil seines Weihnachtsschmuckes an den Baum hängen. Bis Heiligabend erhalten die Kinder dann einen wunderschön geschmückten Weihnachtsbaum.

Strohsterne

Material: Strohhalme, Schüssel, lauwarmes Wasser, mittelstarkes Garn, Bügeleisen

Damit die Strohhalme bei der Verarbeitung weniger brechen, müssen sie zuvor für zwei Stunden in lauwarmes Wasser gelegt werden. Danach lassen sie sich sehr gut verarbeiten. Einen Teil der Strohhalme schlitzt man mit Hilfe einer Nadel auf und bügelt sie glatt. Daraus lassen sich wunderschöne Sterne gestalten indem man die flachen Halme ebenso verarbeitet wie die Rundhalme bzw. sie übereinander klebt.

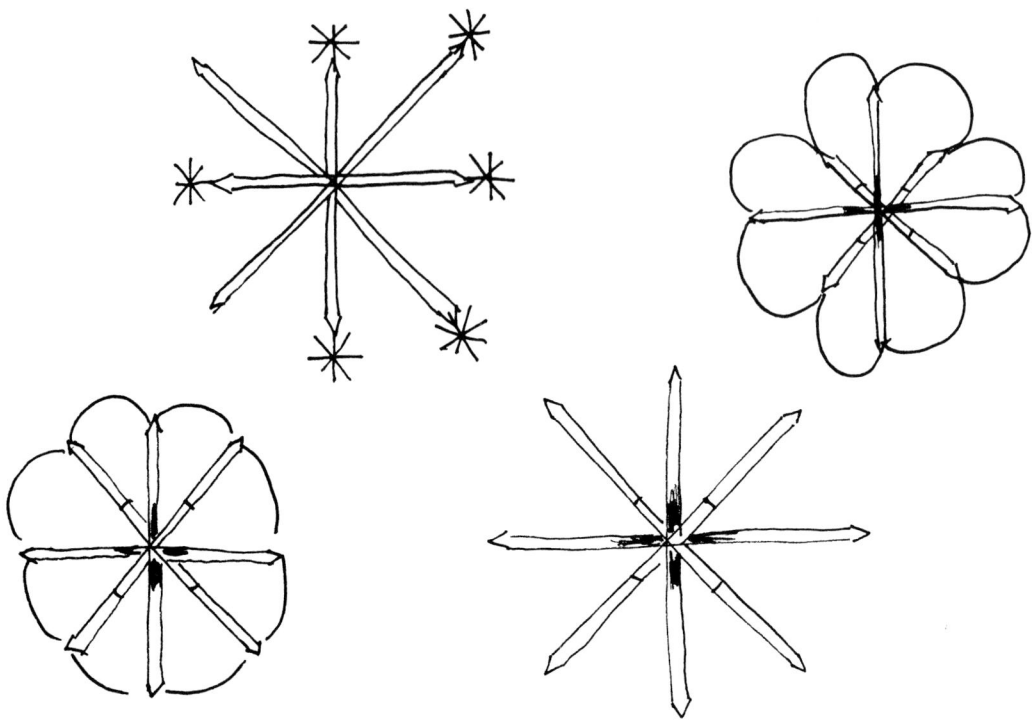

Die anderen Strohhalme verarbeitet man in feuchtem Zustand.

Am einfachsten ist der achtstrahlige Stern. Dazu teilt man zwei Strohhalme in der Länge in zwei gleich große Hälften. Die dadurch entstandenen vier Strohhalme werden wie folgt übereinander gelegt: die ersten beiden als Kreuz und die anderen beiden als Malzeichen darüber. Sie werden mit Hilfe des Garnes miteinander verwoben. Dazu wird der Faden abwechselnd einmal über und einmal unter dem nächsten Halm durchgeführt. Anschließend wird der Faden verknotet, ohne die Halme zu sehr einzuschnüren. Die Enden des Sternes können anschließend verschieden zugeschnitten werden.

Aus diesem Sternen lassen sich nun andere Varianten entwickeln, z. B:

1. In dem man zwei solcher Sterne übereinander legt und miteinander verwebt.
2. Indem man zwei unterschiedlich große Sterne miteinander verwebt.

3. Indem man flach gebügelte Halme zu einem Stern klebt oder bindet und diese mit einem Stern aus Rundhalmen verbindet.

4. Indem man flach gebügelte Halme in der Länge zerteilt, sie zu gleich kurzen Stücken zuschneidet und sie jeweils als Bogen in zwei Enden eines Rundhalmsternes klebt.

Äpfel

Liebesapfel
Material: Klebeetiketten, Schere

Im Spätsommer, kurz bevor die Äpfel langsam ihre roten Wangen erhalten, werden aus Klebeetiketten kleine Herzchen ausgeschnitten. Diese werden dann auf die noch am Baum hängenden Äpfel aufgeklebt. Dabei darauf achten, dass das Herz auf der Seite platziert wird, welche der Sonne zugewandt ist. Im Herbst, bei der Apfelernte, werden die Kinder überrascht sein, wenn sie das Klebeherz vom Apfel entfernen. Denn auf der roten Wange zeichnet sich ein helles Herzchen ab.

Bratäpfel
Zutaten für 4 Bratäpfel: 4 große Äpfel, 1 El Butter, 1 El Zucker, 2 El Haselnüsse, 1 El Rosinen, 1 Tl Zimt, Kernausstecher, Auflaufform

Die Äpfel waschen und das Kerngehäuse ausstechen. Haselnüsse, Rosinen, Zimt und Zucker miteinander vermischen und die Äpfel mit dieser Masse füllen. Anschließend die Äpfel in eine zuvor eingefettete Backform legen und in einem auf 220 Grad vorgeheizten Backofen 25 Minuten backen. Schon der Duft ist ein Genuss.

Christbaumkugeln

Weihnachtliche Sisalkugel
Material: Sisalseil, Weißleim, Luftballon

Mit Seil oder Wolle lassen sich auf einfachste Weise Weihnachtskugeln gestalten.
Der Luftballon wird zu einer kleinen Kugel aufgeblasen und verknotet. Anschließend ziehen die Kinder das Sisalseil durch den Weißleim und wickeln das so getränkte Seil um den Luftballon. Sobald das Seil getrocknet ist, hat es durch den Leim Stabilität und deshalb können die Kinder dann den Luftballon mit einer Nadel durchstechen und ihn platzen lassen. Mit einem schmucken Geschenkband als Aufhänger ist die Sisalkugel ein schöner Baumbehang.

Weihnachtskugeln aus Patchworkstoff
Material: Styroporkugeln, Weihnachtsstoff oder weihnachtliche Stoffreste, Schere, Buchbindeleim

Die Kinder schneiden aus den Stoffen kleine Stoffschnipsel. Diese werden mit Hilfe des Buchbindeleimes dicht neben- und übereinander um die Kugel geklebt.

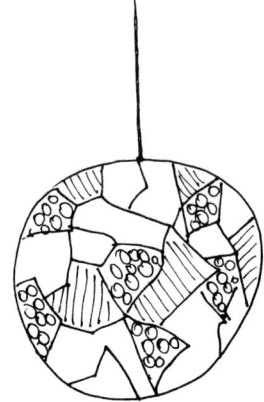

Weihnachtskugeln aus alten Glühbirnen
Material: Glühbirnen, Pinsel, Acryl- oder Temprafarbe, Pinsel, Becher, Draht

40

Die Kinder bemalen die Glühbirnen. Um die Weihnachtskugeln so bunt wie möglich zu gestalten, rät es sich, sie zuerst mit einer Farbe zu grundieren und sie von den Kindern anschließend mit weihnachtlichen Motiven bemalen zu lassen. Damit die Kugeln an den Baum gehängt werden können, wird um die Fassung ein Draht gewickelt, so dass dieser am Ende eine Öse zum Aufhängen bildet.

Kugel mit Heißklebepistole
Material: Plastikkugeln, Heißklebepistole, Temprafarbe, Schwämmchen, Goldfarbe, Pinsel

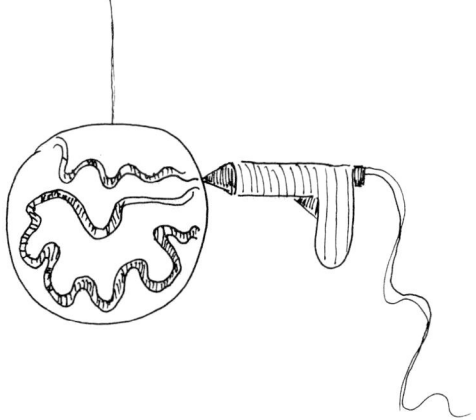

Bei dieser Technik müssen die Erwachsenen etwas behilflich sein, denn zuerst müssen mit der Heißklebepistole Muster auf die Plastikkugel gemalt werden. Anschließend können die Kinder damit beginnen, die Kugeln mit Temprafarbe anzumalen. Ist die Farbe getrocknet, wird Goldfarbe auf ein Stückchen Schwamm aufgetragen. Damit wird die Kugel betupft. So erhält sie einen kostbaren Schimmer und die plastische Wirkung des aufgemalten Motivs tritt noch intensiver hervor.

Genähte Kugeln
Material: Seidenpapier oder Zeitungspapier, Schere, Nähmaschine

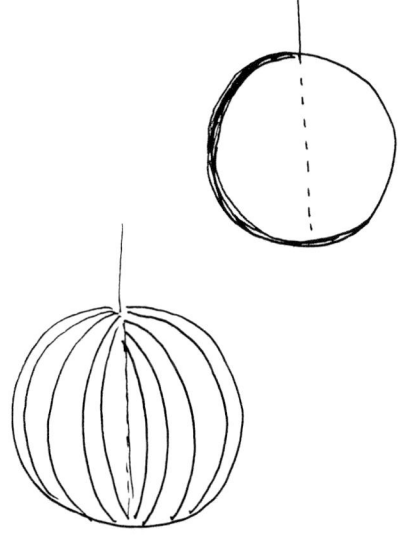

Mehrere Schichten Seidenpapier werden übereinander gelegt. Dann wird mit der Nähmaschine eine Naht gesetzt, die die Seidenpapierschichten zusammenhält. Diese dient als Mittelfalz. Faltet man das Papier an dieser Stelle zusammen und schneidet Formen entsprechend der Vorlage, entstehen gefächerte Christbaumkugeln.

LICHT

Rembrandt van Rijn
(1606 – 1669)

1606 wurde Rembrandt im holländischen Leiden geboren. Bis zu seinem 13. Lebensjahr besuchte er die Schule. Dann verließ er diese, um eine Malerlehre zu beginnen. Drei Jahre dauerte die Lehre in Leiden und Amsterdam. Danach eröffnete er gemeinsam mit einem befreundeten jungen Maler eine eigene Werkstatt, die eines Tages von Constantin Hygens besucht wurde, der auf der Suche nach Künstlern war, die Bilder für den Palast des Prinzen Frederick Hendrick hätten malen können. In Rembrandt glaubte er den geeigneten Künstler gefunden zu haben. So hatte Rembrandt schon in frühen Jahren großen Erfolg. Mit 25 Jahren machte er sich auf den Weg nach Amsterdam. Dort wurde er zum Porträtmaler vieler reicher Familien, Geschäfts- und Handelsleute. Aufträge erhielt er wie am Fließband. Alle vierzehn Tage war ein Bild beendet. Nicht nur einzelne Personen ließen sich von ihm porträtieren, sondern ganze Gruppen und so genannte Gilden und Zünfte. Dabei ordnete Rembrandt die Personen nicht zu einem typischen „Gruppenfoto" an, sondern gruppierte die beteiligten Personen um die für sie typischen Beschäftigungen.

Viele junge Künstler kamen in Rembrandts Werkstatt, um von ihm die Kunst des Malens zu lernen. Sie lernten bei ihm so viel, dass sie in der Lage waren, seine Bilder zu kopieren. Man erzählt sich, viele Bilder hätte Rembrandt von seinen Schülern malen lassen und er selbst habe nur seinen Namen unter das Bild gesetzt. In materieller Hinsicht konnte sich Rembrandt nicht beklagen. Er verdiente viel Geld, das er ebenso schnell ausgab, wie er es einnahm.

Bei vielen seiner Bildern handelt es sich neben den Porträtbilder um gemalte historische und biblische Geschichten. Sie wurden von Rembrandt wie eine Theaterszene inszeniert und beleuchtet. So zeichneten sich die Bilder durch starke hell-dunkel Kontraste aus.

1634 heiratet er Saskia, die nur 8 Jahre nach der Hochzeit starb. Zurück blieben Rembrandt und der gemeinsame Sohn Titus. Hendrickje Stoffels war die zweite Frau an Rembrandts Seite und aus dieser Verbindung ging die gemeinsame Tochter Cornelia hervor.

Da Rembrandt sich ungern auf die Wünsche seiner Auftraggeber einließ, blieben in späteren Jahren die Aufträge aus. Waren Rembrandts Erfolge in den frühen Jahren sehr groß, so überwogen im Alter die Misserfolge, was zu einem Verlust seines gesamten Vermögens führte. Außerdem hatte er den Tod seines Sohnes Titus und seiner Partnerin Hendrickje zu verkraften. Rembrandt selbst starb verarmt am 4. Oktober 1669.

Anbetung der Hirten
(1646, Alte Pinakothek München)

Bei diesem Bild handelt es sich um eine der biblischen Darstellungen Rembrandts. Dem Bildaufbau

muss man mehrere Blicke schenken um die theatralisch aufgebaute Szene in all ihrer Dramatik zu erfassen. Schaut man nur oberflächlich auf das Bild, so fällt beim ersten Blick die große Dunkelheit auf, aus der im rechten unteren Drittel ein Licht erstrahlt. Dieses Licht geht bei genauerem Hinsehen vom Jesuskind aus, welches in einer Krippe liegt. Sein Licht bestrahlt die Menschen, die sich bewundernd und beschützend über das Kind beugen. Man erkennt rechts Josef und Maria und links zwei Hirten, deren Gesichter vom Lichtschein des Kindes hell beleuchtet werden. Wirft man noch einen tieferen Blick in das Bild, so fallen im Hintergrund kaum wahrnehmbare Gestalten auf, die ebenfalls dem Jesuskind die Ehre erweisen. Es scheinen vier weitere Hirten zu sein. Einer von ihnen hält eine schwach beleuchtet Laterne in der Hand. Diese Laterne im Vergleich zum Lichtstrahl des Jesuskindes macht deutlich, welche Kraft von diesem Kind ausgeht. Rembrandt bevorzugt hier, wie in vielen seiner Bilder die hell-dunkel Malerei, mit der er die Bedeutung der Geburt Jesu ins rechte Licht setzen kann. Denn was ließe besser die Bedeutung von Licht veranschaulichen als die Konfrontation mit der alles umschlingenden Dunkelheit?

Licht – ein Symbol der Weihnachtszeit

Dunkelheit erlebt man oft, z. B. bei einer Nachtwanderung oder beim Spazieren durch finstere unbeleuchtete enge Gassen. Aber es gibt noch andere dunkle Stunden im Leben, in denen man traurig oder in Not ist und sich kein Lichtblick zeigen will. Dunkelheit kann beängstigend sein, wenn man sich nicht auf die Suche nach einem kleinen Licht begibt, was die Dunkelheit erhellen könnte. Viele

Kinder schlafen ohne Licht nicht ein. Sie fürchten sich in der Dunkelheit und fühlen sich unsicher, weil ihre gewohnte Umgebung darin verschwindet. Schon ein kleines Licht zur Orientierung hilft Kindern, ihre Ängste zu überwinden. Dunkelheit beherrscht auch die triste Winterzeit, in der die Nächte länger werden und die Tage kürzer. Es ist eine düstere, dunkle und ungemütliche Zeit, in der Wolken und weiße Nebel tief über den Feldern hängen. In diese Zeit fällt die Advents- und Weihnachtszeit. Geht man in diesen Tagen am frühen Abend durch die Straßen, wirken hell erleuchtete Fenster einladend wohlig. Flackernde Kerzen vermitteln Geborgenheit, Wärme, Hoffnung und Sicherheit. Lichter in der Dunkelheit geben Orientierung und Halt.

Jesus wird als das Licht der Welt bezeichnet. Mit der Ankunft des Heilands kam Licht und damit auch Hoffnung, Orientierung und Geborgenheit in eine hoffnungslose Welt. Die Kerzen und Lichterketten welche die Dunkelheit in diesen Tagen erhellen, deuten so auf das Kommen des Heilands hin. Deshalb lassen wir in der Advents- und Weihnachtszeit Straßen, Häuser, Fenster und Räume in festlichem Lichterglanz erstrahlen.
Sie verweisen auf das Licht der Welt, die Geburt Jesu, welche die Dunkelheit an Weihnachten in Glanz und Licht verwandelt als Zeichen der Hoffnung.

Annäherung an das Bild

Bildpräsentation

Das Bild wird auf eine Staffelei in einen dunklen Raum gestellt. Der Raum wird mit Decken ausgelegt. Die Kinder betreten gemeinsam den Raum. Sobald sie auf dem Boden sitzen, erhellt die Erzieherin spotartig mit einer Taschenlampe das Bild. Dann soll eine Bildbesprechung mit Hilfe der unten genannten Fragen erfolgen. Sehen die Kinder auf Grund der zu geringen Beleuchtung zu wenig, erhält jedes Kind eine Taschenlampe, um damit das Bild zusätzlich auszuleuchten.

Fragen zum Bild

1. Was könnt ihr auf dem Bild sehen?
2. Was ist auf dem Bild dargestellt?
3. Was kann man gut erkennen?
4. Was ist schlecht zu erkennen?
5. Wodurch kann man bestimmte Dinge besser erkennen als andere?
6. Würdet ihr gerne auch eine Person innerhalb des Bildes sein?
7. Wie habt ihr euch gefühlt als ihr in den dunklen Raum gekommen seid?
8. Was habt ihr gesehen, als ihr in den Raum gekommen seid?
9. Wann habt ihr mehr vom Raum oder von dem Bild gesehen?
10. Warum strahlen wir das Bild mit den Lampen an?
11. Warum hat der Maler nur das Jesuskind so hell gemalt?

Das Licht der kleinen Laterne

Die kleine Laterne konnte vom Balken aus, an dem sie hing, über die Felder blicken, auf dem Tag für Tag und Nacht für Nacht die Hirten bei ihren Schafen wachten. Von ihrem Platz aus konnten sie über viele Hügel und Täler schauen, bis ihr Blick den Horizont erreichte. Irgendwo war immer was los und so konnte die kleine Laterne dem alten Schrank, der ebenfalls vor langer Zeit auf dem dunklen Speicher des alten Stalles abgestellt worden war, immer erzählen, was es draußen über den Feldern zu sehen gab. Denn der alte Schrank war mittlerweile kurzsichtig geworden. Irgendwann hatte ein Hirte beide einmal hier oben abgestellt und seit damals hatte niemand mehr den Weg hinauf auf den Speicher gefunden.

Der kleinen Laterne ging es gar nicht gut. Ihr Glas hatte im Laufe der Zeit der Wind zerstört, welcher ständig durch die Holzritzen blies und das Holz aus dem sie geschnitzt war, drohte morsch zu werden. Auch ihr silber glänzender Griff, auf den sie früher so stolz war, hatte Glanz eingebüßt. Die kleine Laterne war traurig. Was hatte sie sich danach gesehnt noch einmal in ihrem Leben die Nacht zum Tag zu erhellen. Doch niemand schien sich an sie zu erinnern und ihre Dienste in Anspruch nehmen zu wollen. So döste die Laterne vor sich hin, als plötzlich das Schlagen einer Tür sie je aus ihren Träumen riss. Doch nicht nur der Lärm des Stalltürschlosses weckte sie, sondern auch lautes eilendes Gepoltere, welches sich dem Speicher näherte. Wer konnte das sein? Wer hatte sich hier oben hin verirrt? Der Schrank und die kleine Laterne waren ganz aufgeregt und zitterten gleichzeitig vor Freude und Angst. Plötzlich konnte die kleine Laterne den Hirten erkennen, welcher sie vor langer Zeit hier oben hin verbannt hatte. „Wo ist sie bloß? Wo habe ich sie damals nur hingestellt? Bei der Dunkelheit und bei dem Durcheinander auf diesem Dachboden ist es wirklich kein Wunder dass man nichts findet." Eilig durchwühlte der Hirte den Speicher und plötzlich, bevor die Laterne sich umsehen konnte, packte er sie bei ihrem silbernen Griff. „Gott sei Dank habe ich dich doch noch gefunden. Na, schön bist du ja gerade nicht mehr, aber deine Dienste wirst du wohl noch leisten können.

Er sauste mit der Laterne die Treppe hinunter und hörte auch nicht mehr das Rufen des alten Schrankes, der sich keinen Reim auf all die Ereignisse machen konnte. Unten im Stall angekommen, erkannte die Laterne trotz der Dunkelheit, dass der Hirte nicht alleine gekommen war. Im Stall saßen weitere Hirten und eine junge Frau mit ihrem Mann. Sie hatten ihr soeben geborenes Kind in eine mit Stroh gefüllte Krippe gelegt. Da wurde der kleinen Laterne klar, dass sie Zuschauer des Weihnachtsereignisses sein durfte, von dem sie die Engel auf den Feldern hatte singen hören.

Jetzt ahnte die Laterne, weshalb der Hirte sie so eilig auf dem Dachboden gesucht hatte. Das Kind weinte, weil der Stall dunkel, unheimlich und ungemütlich kalt war. Sie war auserwählt den dunklen Stall mit Licht und Wärme zu füllen. Die Laterne war außer sich vor Freude. Hatte sie sich doch nichts sehnlicher gewünscht, als noch einmal die dunkle Nacht zu erhellen. Sie beschloss so stark zu leuchten, dass es für alle warm, gemütlich und hell würde. Als der Hirte die kleine Laterne anzündete, wurde es in dem dunklen Stall plötzlich so hell, dass alle geblendet waren. Von der kleinen Laterne und dem Kind in der Krippe ging ein solcher Schein aus, dass man heute noch vom Jesuskind als dem Licht der Welt spricht. Denn der lichtvolle Glanz beider hat die ganze Welt in dieser Nacht zum Leuchten gebracht.

Lichtmeditation

Die Kinder liegen in einem ruhigen Raum, welcher mit Decken ausgelegt ist, auf dem Boden und schließen die Augen.

Du betrittst in deinem Traum eine dunkle Höhle.
Die Höhle ist unheimlich, du ängstigst dich, denn in der Höhle kannst du nichts sehen und nichts erkennen. Das verunsichert dich.
Vielleicht gibt es in der Höhle Tiere oder steile Hänge, die du hinunterfallen könntest.

Vielleicht gibt es auch unebene Wege oder spitze Steine über die du stolperst.

Du tastest dich mit deinen Füßen vorsichtig über den holprigen Boden. Du spürst dabei Unebenheiten unter deinen Fußsohlen und bemerkst wie deine Füße auf dem schleimigen Felsboden abgleiten.

Du tastest dich mit deinen Fingern am Fels entlang, der sich glitschig und nass anfühlt.

Gott sei Dank hattest du an eine Kerze und an Streichhölzer gedacht, bevor du dich auf den Weg in die Höhle gemacht hast.

Du zündest die Kerze mit dem Streichholz an. Sogleich erleuchtet ihr schwaches Licht den zuvor dunklen und unheimlichen Raum. Du wirst nun ganz ruhig, denn du kannst die Umrisse der Steine, der Felsen und der unebenen Wege erkennen. Du fühlst dich sicher und geborgen im warmen Kerzenlicht.

Spürst du, wie ruhig du durch das wärmende Licht der Kerze wirst?

Die Kerze hilft dir, deinen Weg in der zuvor dunklen Höhle zu finden. Sie weist dir nicht nur den Weg zum Ausgang der Höhle, sondern wärmt auch deine kalten Hände.

Spürst du das wärmende Licht der Kerze?

Das Licht gibt dir Sicherheit, Mut, Wärme und Hoffnung.

Spürst du die Kraft, die von diesem Licht ausgeht?

Das Licht macht dich stark und mutig.

Träume noch ein wenig weiter und überlege dir, in welchen Situationen du froh wärst, ein wärmendes und leuchtendes Licht an deiner Seite zu haben, welches dir Mut spendet.

Lichtexpedition

Mit den Kindern wird ein gemeinsamer Lichterspaziergang am Morgen oder am Abend unternommen. Bei diesem Spaziergang sollen die Kinder bewusst Licht in der Dunkelheit erleben, indem sie beobachten, wie sich die Häuser und Straßen in der Weihnachtszeit mit Lichtern schmücken. Da leuchten Fensterbilder, Lichterketten, Schaufenster, Lichter in den Fenstern und in Vorgärten, weihnachtlicher Straßenschmuck etc.

Angebote zu Licht und Schatten

Licht- und Schatteneffekte zaubern

Die Kinder erhalten viele verschiedene kleine transparente Materialien. Mit diesen Materialien dürfen sie auf einem Overheadprojektor experimentieren. Vielleicht gelingt es den Kindern, damit auch kleine Kulissen für ein Schattenspiel zu legen.

Materialsammlung: Flaschen, Gläser, Frischhaltefolie, Transparentpapier, farbige Folie, Naturmaterialien wie Blätter, kleine

Zweige verschiedener Bäume, Konfetti, Wolle, Watte, Hölzchen, Suppen-Sternnudeln, Spitzenstoff, Gardinenreste, Papiertaschentücher, Leinen, usw.

Leuchtende Sterne in der Nacht

Material: schwarzes Tonpapier, Schere, Taschenlampen, Sternlocher, Klebeband

Aus schwarzem Tonpapier werden Kreise in der Anzahl der vorhandenen Taschenlampen ausgeschnitten. Aus diesen Kreisen wird mit einem Sternlocher jeweils ein Stern ausgestochen. Je ein Kreis wird mit Klebeband auf der Taschenlampe fixiert. In einem verdunkelten Zimmer werden die Taschenlampen der Kinder dann zum Leuchten gebracht. An einer weißen Wand oder an der Decke entsteht so ein Sternenhimmel.

Schattenspiele

★ Eine Kerze erhellt einen dunklen Raum und die Kinder nehmen ihren Schatten an der Wand wahr.

★ Kinder bewegen sich zwischen Diaprojektor und Schattenleinwand. Sie nehmen ihren eigenen Schatten auf der Leinwand wahr und experimentieren mit ihm.

★ Dabei zaubern sie vielleicht auch mehrere eigenartige Ungeheuer an die Schattenwand.

★ Dies führt zu einem Ratespiel. Wer befindet sich hinter der Schattenwand?

★ Ganzkörperschattenspiel (→ S. 85f)

★ Kinder schneiden aus Pappe verschiedene Figuren und kleben jede an einen Stab. Führen die Kinder diesen Stab zwischen Diaprojektor und Schattenleinwand entlang, entsteht ein Stabschatten-Theater. Denkbar wäre z. B., die Weihnachtsgeschichte als Schattenkrippenspiel nachzuspielen.

Das Wanderlicht

Material: große Stumpenkerze, Verzierwachsplatten, Ausstechformen mit weihnachtlichen Motiven

Mit den Kindern wird gemeinsam eine große Stumpenkerze gestaltet, indem die Kinder aus den Verzierwachsplatten weihnachtliche Motive mit den Förmchen ausstechen. Diese werden anschließend auf die Stumpenkerzen aufgedrückt.

Ist die Kerze fertig, wird sie in eine Posterrolle verpackt und auf Wanderschaft geschickt. Jedes Kind darf diese Kerze für einen Abend mit nach Hause nehmen. Dort soll die Kerze für einen Abend Licht und Wärme in die Familie bringen. Am nächsten Tag wird sie an ein anderes Kind weitergereicht. Es bietet sich an, die Familien über das Wanderlicht zu informieren.

Lichtadventskalender

Material: Karton oder Sperrholzplatte, 23 Teelichter, Krippenfiguren oder Stumpenkerze

48

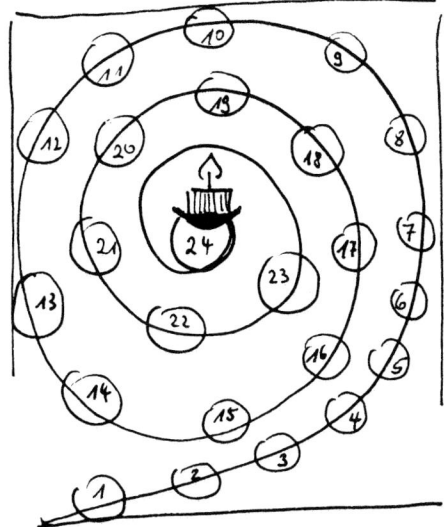

an diesem Tag beschäftigen können vor. Solche Einzelangebote können, diesem Buch entnommen werden und reichen von der Gestaltung eines Strohsternes bis zum Schattenspiel.

Welche Kerze brennt am längsten?

Material: verschieden große, dicke und dünne Kerzen

Auf einen Karton oder eine Sperrholzplatte wird eine Spirale mit 24 Feldern aufgemalt. Das 24er Feld liegt im Kern der Spirale. Dort wird eine kleine Krippe aufgebaut. Statt der Krippe kann dort aber auch eine große Stumpenkerze platziert werden. Auf die restlichen 23 Felder werden Teelichter gestellt. Unter die Teelichter werden kleine Briefe oder Zettel gelegt. Auf diesen Zetteln sind unterschiedliche Angebote beschrieben, welche die Kinder an den betreffenden Tagen erleben können. Bevor an jedem Tag eine zusätzliches Licht auf dem Weg zu Weihnachten entzündet wird, darf ein Kind das Briefchen unter der Kerze hervorziehen. Ein Erwachsener liest das entsprechende Überraschungsangebot, mit dem die Kinder sich

In einem dunklen Raum werden am Morgen viel verschiedene Kerzen angezündet. Dabei darauf achten, dass sie von den Kindern nicht umgeworfen werden können. Die Kerzen erhellen den Raum. Da die diese jedoch unterschiedlich schnell abbrennen wird der Raum im Laufe des Tages immer dunkler. Welche Kerze brennt wohl am längsten?

Eine dunkle Abenteuerwelt

Es wird ein Erlebnisraum mit verschiedenen Stationen vorbereitet. Diese Stationen werden durch ein Seil miteinander verbunden, damit die Kinder vorsichtig ihren Weg ertasten können und über, unter und durch die verschiedenen Stationen mit Geräten, Tischen und einem Materialparcours geleitet werden. Ist der Raum nicht abzudunkeln, können den Kindern stattdessen die Augen verbunden werden. Haben alle Kinder die dunklen Abenteuer – vielleicht auch mit Hilfe von anderen – durchwandert, wird der Raum erleuchtet. Anschließend sollen die Kinder ihre Erlebnisse im dunklen und im erleuchteten Raum beschreiben.

Lichter

Perlenlicht
Material: 1 bis 2 mm dicker Silberdraht, Drahtzange, Glasperlen in verschiedenen Größen, Teelicht, Kegel aus Styropor – oder Holzkegel

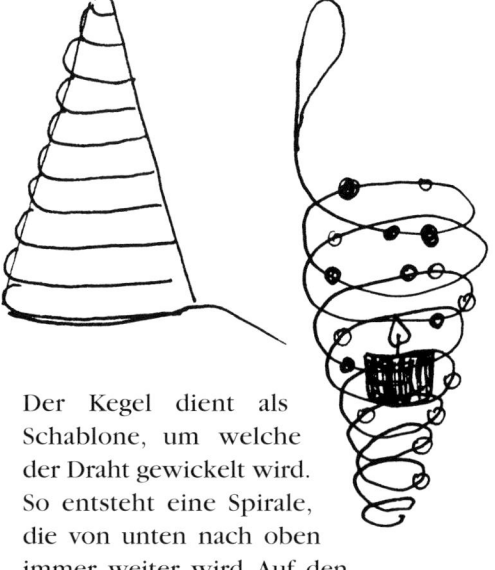

Der Kegel dient als Schablone, um welche der Draht gewickelt wird. So entsteht eine Spirale, die von unten nach oben immer weiter wird. Auf den

Draht werden verschiedene Glaskugeln aufgefädelt. Zum Abschluss wird eine Öse zum Aufhängen gebogen. Schließlich wird in die Spirale das Teelicht platziert, dessen Flamme in den bunten Glasperlen herrliche Lichtspiele hervorzaubert.

Lichterkette aus Seidensternen
Material: eine kleine Mini-Lichterkette (20 Lichter), selbstklebende Lampenschirmfolie, Seide, Seidenmalrahmen, Reißbrettstifte, Schere, Seidenmalfarben, Pinsel, Becher, Wäscheklammern, Heißklebepistole

Die Seide wird mit den Reißbrettstiften auf den Rahmen gespannt. Anschließend bemalen die Kinder diese mit Seidenmalfarben. Sobald die Seide getrocknet ist, wird sie auf die selbstklebende Lampenschirmfolie aufgeklebt. Danach schneidet man daraus vierzig je 10 cm große Sterne. Davon werden auf Rück- und Vorderseite der Wäscheklammer je ein Stern mit Heißklebepistole fixiert. Die fertigen Wäscheklammersterne werden um je ein Licht der Lichterkette gezwickt.

Windlicht aus Transparentpapier
Material: Transparentpapier, Tapetenkleister, Marmeladengläser

Tapetenkleister wird entsprechend der Beschreibung angerührt. Währenddessen können die Kinder das Transparentpapier in viele bunte Papierschnipsel zerreißen. Anschließend werden Marmeladengläser außen dicht mit den bereits in Kleister eingetauchten Papierschnipseln beklebt.

Windlicht aus Zuckerwürfeln
Material: Zuckerwürfel

Kinder bauen sehr gerne mit Bausteinen. In diesem Fall dienen Würfelzuckerstückchen als Bausteine. Die Kinder erhalten die Aufgabe, mit Würfelzucker ein Haus, eine Häuserreihe, eine Hausfront usw. zu bauen. Stellt man in das Haus oder hinter die Hausfront eine Kerze, entsteht ein herrliches Lichtspiel.

Windlicht mit Zucker
Material: Marmeladenglas, Zucker, Bastelkleber

Auf ein Marmeladenglas mit Bastelkleber ein Weihnachtsmotiv wie z. B. Herz, Stern, Weihnachtskugel, Tannenbaum, Schneebälle, Eiszapfen aufmalen und anschließend Zucker darüber streuen, Der Zucker bleibt am Bastelkleber haften. Es entsteht ein Effekt, als habe der kalte Winter Frostbilder gezaubert.

Zitruslichter
Material: Orangen oder Zitronen (auch Kokosnüsse), Wachsgranulat, Docht, Schaschlikspieße, Löffel, alter Topf

Von der Orange oder Zitrone wird das obere Drittel abgeschnitten und die Zitrusfrucht mit einem Löffel ausgehöhlt. Anschließend wird der Docht in der Mitte des Schaschlikspießes verknotet. Den Schaschlikspieß legt man so über die Öffnung der Zitrusfrucht, dass der Docht senkrecht in die ausgehöhlte Frucht hängt. Nun wird Wachs in einem alten Topf erhitzt. Sobald das Wachs flüssig ist, wird es nach und nach in die Zitrushohlform eingegossen, gerade so viel, dass der Docht heraussteht.

Alternativ: Statt die ausgehöhlte Orange mit Wachs zu füllen, können von innen her mit Ausstechformen kleine Motive ausgestochen werden. Dann bedarf es nur noch eines Teelichtes und schon ist das Orangenlicht fertig.

Lichterfackel
Material: Rundholzstab, Dosendeckel, Nagel, Kiefernzapfen, Wachsreste

Der Rundholzstab wird an einem Ende angespitzt. Mit einem Nagel wird der Dosendeckel auf dem Holzstab befestigt. Heißen Wachs auf den Dosendeckel tropfen lassen und darin den Kieferzapfen befestigen. Anschließend in den Kiefernzapfen Wachsreste stecken. Dann den Stab im Boden befestigen und den Kiefernzapfen vorsichtig entzünden.

Kennt ihr schon das Licht der Welt?

Text und Musik: Jakobine Wierz

Refrain

Kennt ihr schon das Licht der Welt, das die dunk - le

Nacht er - hellt? Mond und Ster - ne leuch - ten klar

und ein Stern ganz wun - der - bar. 1. Hell und klar scheint

des - sen Licht, das die dunk - le Nacht zer - bricht. Schaf und

Hir - ten wun - dern sich, fra - gen je - den nach dem Licht.

Refrain: Kennt ihr schon …

2. So ein Licht noch niemand sah,
   es erwärmt die Herzen gar.
   Dieses Licht heißt Jesus Christ,
   der für uns geboren ist.

Refrain: Kennt ihr schon …

3. Dies erzählen die Menschen sich,
   zu erklären das fremde Licht.
   Denn der Stern war plötzlich da,
   als Jesus Christ geboren war.

52

Kerzen marmorieren

Material: weiße einfarbige Kerzen, Wachsreste, leere Konservendosen für die verschieden farbigen Wachsreste, Wachsmalfarben, 2 Kochtöpfe

Die Wachsreste nach Farben in die Dosen sortieren. Diese ins Wasserbad in einen alten Topf stellen und erhitzen. Dabei schmelzen die Wachsreste. Sind diese nicht farbintensiv genug, kann die Farbintensität durch entsprechende Zugabe von Wachsfarben gesteigert werden.

Anschließend in einem Topf eine mit Wasser gefüllte Konservendose im Wasserbad erhitzen. Dann gibt man wenige Tropfen der flüssigen Wachsreste auf die Oberfläche des heißen Wassers. Die weiße Kerze taucht man nun mit einer leichten Drehbewegung in das Wasser hinein und mit einer Gegenbewegung dreht man sie wieder aus dem Wasser heraus. Dazu hält man sie am Docht fest. So entsteht ein spiral- oder schraubenförmiges Muster. Wenn mehrere Farben übereinander aufgetragen werden, sollte man mit der hellsten Wachsfarbe beginnen. Man sollte jedoch nicht mehr als dreimal die Kerze eintauchen. Bei dieser Technik gilt: Weniger ist mehr.

Tipp: Es genügt auch, Wachsstummel anzuzünden und Wachstropfen ins heiße Wasser tropfen zu lassen. Diese schwimmen als Wachsaugen auf der heißen Wasseroberfläche. Dann wird die Kerze mit drehender Bewegung ins Wasser getaucht.

ENGEL

Sandro Botticelli
(1445 – 1510)

Sandro Botticelli wurde 1445 in Florenz in Italien geboren. Diese Zeit wird Renaissance genannt. Ursprünglich hieß er Alessandro di Marino di Vanni Filipepi. Doch schon bald wurde er mit der Abkürzung seines Namens „Sandro" gerufen. Beigefügt wurde dieser Abkürzung der Spitzname seines älteren Bruders „il botticelli", was so viel heißt wie „das Tönnchen". Scheinbar war er sehr beleibt.

Sandro Botticellis Vater Mariano war ein armer Weber. Er webte herrliche Stoffe für die reiche Florentiner Bevölkerung. Diese Stoffe, die er gemeinsam mit vielen anderen Webern erarbeitete, waren in Nordeuropa sehr beliebt. Sandros Vater erwarb 1470 in Florenz in der Via Nuova, die heute Via Porcellana heißt, ein Haus. Dieses Haus blieb für Sandro immer Heimat und Atelier. Mit dreizehn Jahren machte Botticelli eine Goldschmiedelehre. Doch schon bald fühlte er sich zum Maler berufen und besuchte 1461/1462 bei dem anerkannten florentinischen Künstler Filippo Lippi die Lehre. Ungefähr 1470 macht Botticelli sich selbstständig. Seine Art des Malens war sehr beliebt und so erhielt er zahlreiche Aufträge – unter anderem wurde er mit dem Erstellen von Wandgemälden im Dom zu Florenz beauftragt. Aber auch nach Rom wurde er berufen, um dort mit einigen anderen Künstlern die neu errichtete Sixtinische Kapelle im Vatikan mit Porträts von Päpsten und Bildern aus dem Leben Jesu und Moses auszumalen. Doch 1482 starb Botticellis Vater, worauf Sandro nach Florenz zurückkehrte. Er bezog wieder sein Atelier im Elternhaus, welches nun seinem Bruder gehörte. Sandro hatte viele Erfolge in dieser Zeit und erreichte sogar bei einer Beliebtheitsliste von Künstlern, welche der Herzog von Mailand erstellen ließ, den ersten Platz. Seine Lieblingsmotive waren Madonnenbildnisse. Welche Bedeutung er Maria beimisst, wird auch in der Darstellung Christi Geburt deutlich. Dazu malt er Maria größer als alle anderen Figuren in den Mittelpunkt des Bildes.

Künstler in der Renaissancezeit hatten Förderer, welche sie finanziell unterstützten. Sie wurden Mäzene genannt. 1497 musste Sandros Mäzen aus politischen Gründen Florenz verlassen. Deshalb hatte Sandro niemanden mehr, der sich für ihn einsetzte und ihm Aufträge erteilte. Hinzu kam, dass andere Mäzene sich Künstlern wie Leonardo da Vinci und Michelangelo zuwandten, die einen neuen Malstil begründeten. Als Sandro Botticelli 1510 starb war sein Malstil, welcher sich an der wiederentdeckten Antike orientierte, nicht mehr gefragt. Neue malerische Tendenzen, bei denen wissenschaftliche, anatomische und perspektivische Gesichtspunkte im Vordergrund der Gestaltung standen, hatten sich entwickelt.

Geburt Christi
(1500)

Beim Aufbau des Bildes wird deutlich, dass Botticelli sich aller perspektivischen Errungenschaft der Renaissance entzieht und, Kinderzeichnungen gleich, mehrere Aufstellinien für verschiedene Bildgründe erarbeitet. So erzielt er eine perspektivische Wirkung. Dabei wird die untere Hälfte zum Vordergrund, das Geschehen in der Mitte zum leicht zurücktretenden Mittelteil und alles was oben dargestellt ist zum Himmel.

Obgleich das Bild Christi Geburt in drei Teile – Vordergrund, Mittelteil und Himmel – klar eingeteilt ist, übersieht dies das Auge beim ersten Betrachten. Denn es wird zuerst von den vielen Geschehnissen, Bewegungen und insbesondere durch die zahlreichen in Handlung befindlichen Engel abgelenkt. Das Auge blickt nach oben, nach unten, nach rechts und nach links. Es versucht die Handlung zu ordnen und findet Ruhe im Mittelpunkt des Bildes, in der die eigentliche Betlehemszene dargestellt ist. Dort liegt das Kind im Schutz einer Hütte, umsorgt von Maria und Josef. Ochs und Esel beugen sich ebenfalls über das Kind. Verlässt der Blick des Betrachters jedoch den Mittelpunkt dieser ruhenden Szene, scheint sich wiederum alles zu drehen. Auf dem Hüttendach knien drei Engel, die scheinbar die Krippe bewachen. Da knien Hirten und Engel neben dem Stall, welche dem Kind huldigen. Andere Engel begrüßen diejenigen, die dem Kind die Ehre erweisen. Sie umarmen einander und scheinen sich Friede auf Erden zu wünschen. Das Himmelszelt bricht auf und aus einer goldenen Himmelsöffnung entschweben elfengleich tanzend zahlreiche Engel. Sie halten Kronen in den Händen, um den neuen König der Armen zu krönen. Sie tragen Lorbeerzweige in den Händen, mit denen sie alle schmücken und beschenken, welche sich zu Ehren des Jesusknaben der Krippe nähern. Die Engel scheinen zu singen, zu jauchzen und zu jubilieren. Beim Betrachten glaubt man den hellen Gesang der Engel zu hören, welcher von der Geburt Christi und dem Frieden und der Harmonie der Menschen untereinander zu berichten weiß. Trotz aller friedvollen Festlichkeit versuchen im Bild links und rechts unten zwei kleine Teufel in die harmonische Stimmung einzudringen.

Engel in der Welt der Kinder

Engel stehen in engem Zusammenhang mit dem Weihnachtsfest. Sie verkünden den Hirten auf dem Feld die Frohe Botschaft der Geburt Jesu. Doch Engel stehen nicht nur in Verbindung zur Weihnachtsgeschichte, sie erhalten in der Bibel immer wieder eine bedeutende Verkünder- und Beschützerrolle. Vielen Kindern sind die Geschichten der Bibel jedoch weitestgehend unbekannt. Sie kennen vielleicht die „gelben Engel" auf der Autobahn, welche den Eltern schon einmal bei einer Panne ausgeholfen haben oder den blauen Umweltengel auf umweltfreundlichen Produkten, ohne deren Ursprung zu kennen. Dennoch schwärmen Kinder für diese unsichtbaren „geflügelten Jahresendfiguren", wie sie im DDR-Sozialismus genannt wurden. Fantasie ist gefragt wenn es um Engel geht. Denn wie sie wirklich aussehen, weiß niemand.

Gibt es Engel überhaupt? Was ist ein Engel? Das Fischerlexikon definiert einen Engel wie folgt: Das Wort Engel habe seinen Ursprung in dem griechischen Wort *angelos* was so viel bedeutet wie Bote. Engel so heißt es weiter, habe man sich als geflügelte Menschen vorzustellen. Sie seien göttliche, gute Widersacher gegen das Böse. Engel seien Boten Gottes und bildeten den göttlichen Hofstaat und beschützten den Menschen.

Auf der Suche nach genauerer Eingrenzung wird man auch bei Redewendungen und Umschreibungen fündig. So heißt es oft „Du bist zart wie ein Engel", „Du bist geduldig wie ein Engel." Doch auch diese Beschreibungen lassen Fragen offen. Und zwar diejenigen, welche Kinder am meisten interessieren. Wie sehen Engel aus? Was haben sie für eine Hautfarbe? Sind sie weiblich oder männlich? Haben die Engel wirklich Flügel? Handelt es sich bei Engeln um Kinder oder Erwachsene? Wo wohnen sie? Was arbeiten sie? Helfen sie dem Christkind beim Einsammeln von Wunschzetteln? Gibt es wirklich einen Engel, der mich beschützt?

Statt Antworten kommen jedem nur noch mehr Fragen in den Sinn. Vielleicht werden Kinder und manche Erwachsene gerade durch diese nicht zu bestimmenden, nicht zu beweisenden Eigenschaften magisch angezogen. Denn der Engelsmythos lässt Kindern Spielraum zum Träumen. Der Schutzengel ist der Engel, zu dem Kinder den größten Zugang haben. Er beschützt, tröstet und macht Mut. Er ist der stille unsichtbare Begleiter der Kinder in Not und Angst.

Wer ist dieser Schutzengel? Schutzengel sind Engel, die man nur mit dem Herzen sehen kann. Das können Menschen sein, die füreinander da sind, wenn sie gebraucht werden. Dabei handelt es sich um Engel ohne Flügel. Uns allen können Flügel wachsen, wenn wir füreinander da sind und einander Freunde sind. Dann können wir von unserem gegenüber behaupten: Du bist ein Engel.

Annäherung an das Bild

Bildpräsentation

Die Erzieherin erzählt den Kindern, sie hätte vor kurzer Zeit Engel gesehen, die elfengleich durch die Einrichtung geschwebt sind. Sie hatten es eilig, denn sie wurden zu einem Engelsreigen zu Ehren der Geburt des kleinen Jesuskindes erwartet. In aller Eile haben die Engel Federn und Engelsstaub verloren. Die Kinder sollten dieser Spur folgen. Die Spur von Engelsstaub und Federn endet vor dem Bild.

Fragen zum Bild

1. Wo befindet sich im Bild die Krippe mit dem Jesuskind?
2. Warum glaubst du, hat der Himmel in diesem Bild ein goldenes Loch?

3. Wie viele Engel tanzen den Engelreigen am Himmel?
4. Wo befinden sich noch weitere Engel im Bild?
5. Welche Handlungen führen die Engel aus, die nicht am Himmel tanzen?
6. Welche Personen kannst du im Bild noch erkennen?
7. Wo befinden sich im Bild zwei kleine Teufel?
8. Zu welchem Gesang oder zu welcher Musik bewegen sich wohl die Engel am Himmel?
9. Nach welchem Weihnachtslied würdest du gerne einmal tanzen?
10. Sicherlich singen die Engel im Bild auch. Wer traut sich, ein Lied anzustimmen, das die Engel im Bild dem Jesuskind vorsingen?

Lied zum Reigen

Vom Himmel hoch da komm ich her,
ich bringe Euch gute neue Mär;
der guten Mär bring ich so viel,
davon ich singen und sagen will.

Euch ist ein Kindlein heut geborn
von einer Jungfrau auserkorn,
ein Kindelein so zart und fein;
das soll eur Freud und Wonne sein.

Der Herr Christ, unser Gott,
der will euch führn aus aller Not.

Er will eur Heiland selber sein,
von allen Sünden machen rein.

Engelreigen
Material: Tannenzweige

Die Engel im unteren Teil scheinen ankommende Besucher zu begrüßen. Sie umarmen einander und sprechen sich gegenseitig gute Wünsche aus.
Die Kinder sollen aufeinander zugehen sich begrüßen oder umarmen und sich gegenseitig etwas wünschen.
Anschließend tanzen sie gemeinsam zum Lied „Vom Himmel hoch" einen Reigen.
Die Kinder bilden einen Kreis und fassen sich an den Händen. Dabei hält jedes Kind in seiner rechten Hand einen Tannenzweig nach oben. Nun kann der Reigen beginnen. Die Kinder singen und bewegen sich folgendermaßen zum Gesang:

Schrittfolge
Acht Schritte nach links
Acht Schritte nach rechts
Acht Schritte zur Mitte
Acht Schritte aus der Mitte zurück

Acht Schritte nach rechts
Acht Schritte nach links
Acht Schritte zur Mitte
Acht Schritte aus der Mitte zurück

Acht Schritte nach hinten, Hände lösen
Acht Schritte zur Mitte, Handfassung wieder aufnehmen
Acht Schritte nach links
Acht Schritte nach rechts

Des lasst uns alle fröhlich sein,
und mit den Hirten gehn hinein,
zu sehn, was Gott uns hat beschert

mit seinem lieben Sohn verehrt.

Acht Schritte nach rechts
Acht Schritte nach hinten, Hände lösen
Acht Schritte zur Mitte, Handfassung
wieder aufnehmen
Acht Schritt zur Mitte,
Tannenzweige ganz hoch halten.

Der Gesangswettstreit

Jedes Jahr, wenn die Tage kürzer werden und die Sonne sich schon früh vom Tag verabschiedet, ist für die Engel die Zeit des Gesangswettstreites gekommen. Zahlreiche Engel aus allen Himmelsteilen nehmen alljährlich an diesem Himmelsereignis teil. Denn unter Engeln ist es wichtig, eine schöne helle und klare Stimme zu haben. Um den Engel herauszufinden, der tatsächlich die engelhafteste Stimme hat, bedarf es vieler Wettstreite. Im Abschlusswettbewerb am 24. Dezember wetteifern dann nur noch drei Engel miteinander um die prächtigste Stimme. Diese Endausscheidung sieht vor, dass sich die drei besten Sänger vor das Himmelsfenster stellen müssen, durch welches sie nur einmal im Jahr auf die Erde blicken können. Dies ist dann möglich, wenn es einem der Engel gelingt, das undurchsichtige Himmelsfenster mit seinem Gesang zum Zerspringen zu bringen. Der Engel, der dies schafft indem er das hellste „Gloria in excelsis deo" anstimmt, hat den Gesangswettbewerb um die schönste Stimme gewonnen. Diesen Engelsbrauch gab es auch schon vor ungefähr 2000 Jahren. Damals geschah

etwas ganz besonderes. Es standen, wie jedes Jahr am 24. Dezember, drei Engel in der Endausscheidung des Sängerwettstreites als plötzlich das Himmelsfenster zersprang und sich allen Engeln ein herrlicher Blick auf die Erde eröffnete. Sie blickten geradewegs in einen alten Stall in Betlehem, wo gerade eine Frau mit dem Namen Maria einem kleinen Sohn das Leben schenkte. Der Stall wurde gewärmt von dem warmen Atem eines Ochsen und eines Esels. Viele Hirten, die mit ihren Schafen vom Feld herbeigelaufen kamen, stellten sich um die Krippe, um das Neugeborene zu bewundern. Und dann blickten die Engel weit in den Osten der Erde und sahen das Morgenland. Dort machten sich drei Männer auf den Weg in Richtung der Krippe. Sie schauten und zeigten immer wieder zum Himmel, während sie ihre große Reise antraten. Zuerst glaubten die Engel, die drei Männer hätten sie im Himmel entdeckt und ihnen zugewinkt. Doch dann bemerkten sie, dass diese einem großen hellen goldenen Stern folgten, der es sich geradewegs über dem kleinen Stall bequem gemacht hatte. Die Engel waren von dem Erlebnis so gerührt, dass

59

sie ganz vergaßen, dem Gewinner des Gesangswettstreites zu gratulieren. Stattdessen hielt es die Engel nicht mehr im Himmel, sie mussten ebenfalls hinunter zu Krippe, um dem kleinen Jesusknaben die Ehre zu erweisen. Sie schwebten tanzenden Elfen gleich zur Erde und sangen mit allen Engelschören in friedlicher Eintracht die schönsten Lieder in den hellsten Klängen, um das neugeborene Kind in den Schlaf zu wiegen.

Geht man am heiligen Abend ganz leise durch die Straßen zur Christmette, kann man ihren Gesang heute noch hören.

Engel singen Jubellieder

Text und Musik: Jakobine Wierz

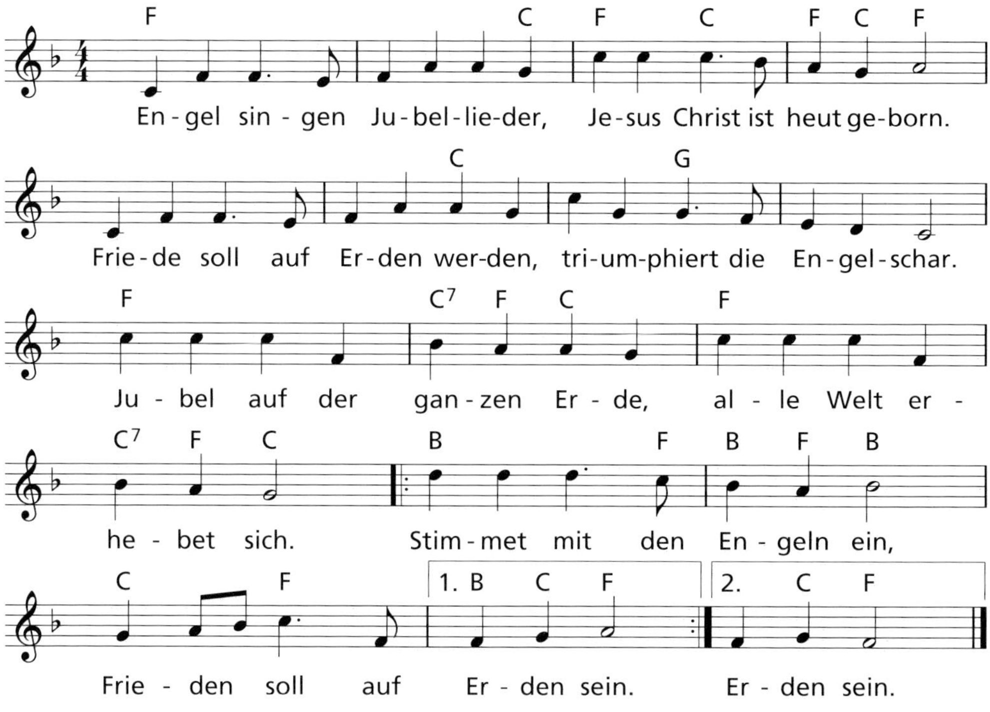

En - gel sin - gen Ju - bel - lie - der, Je - sus Christ ist heut ge - born.

Frie - de soll auf Er - den wer - den, tri - um - phiert die En - gel - schar.

Ju - bel auf der gan - zen Er - de, al - le Welt er -

he - bet sich. Stim - met mit den En - geln ein,

Frie - den soll auf Er - den sein. Er - den sein.

Engelmeditation

Material: Feder

Die Kinder werden in einen Ruheraum geführt, indem es wohlig warm ist. Eventuell ist der Raum auch besonders illuminiert. Der Raum ist mit Wolldecken ausgelegt. Die Kinder nehmen auf den Wolldecken Platz und machen es sich liegend bequem.

Ihr habt die Augen geschlossen.
Ihr liegt wie die Hirten von Betlehm schlafend im Gras.
Ihr seid müde. Die Schafherde zu hüten war anstrengend.
Eure Beine sind schwer vom langen Stehen auf der Weide.
Auch eure Arme sind schwer, denn den ganzen Tag habt ihr ein kleines krankes Schäfchen auf euren Armen getragen.
Auch eure Schultern sind ganz müde vom Tragen des schweren Rucksackes, der randvoll mit Proviant gefüllt war.
So liegt ihr nun im Gras, müde von dem schweren Tag und träumt vor euch hin.
Plötzlich hört ihr wie aus der Ferne helle und klare Engelsstimmen. Ihr traut euren Ohren nicht und blickt in eurem Traum hinauf zum Himmelszelt. Dort öffnet sich der Himmel über euch. Ganz golden ist das Innere des Himmels. Für einen Augenblick werdet ihr vom Licht und vom Glanz des Himmels geblendet. Ihr beobachtet, wie tanzend zahlreiche Engel aus dem Himmel zu euch hinab auf die Erde schweben. Zu jedem von euch gesellt sich ein Engel. Der Engel sagt zu dir: „Fürchte dich nicht, ich bin dein Schutzengel." Ich bin bei dir im Dunklen, wenn du Angst hast und helfe dir, wenn du in Not bist.
Voller Bewunderung betrachtest du deinen Schutzengel ganz genau. Wie sieht er aus? Ist es ein Mann oder eine Frau, ein Junge oder ein Mädchen?
Hat dein Engel Flügel? Wie sehen die Flügel aus? Sind sie golden, silbern oder weiß? Sind sie aus Federn?
Wie sieht das Kleid des Engels aus? Ist es lang, kurz, bunt oder einfarbig, weiß oder golden? Hat es ein Muster?
Wie sieht das Haar des Engels aus, ist es blond oder dunkel, lang oder kurz?
Welche Hautfarbe hat dein Engel?
(Die Erzieherin geht mit einer Feder von Kind zu Kind und fährt damit ganz zart über deren Stirn.)
Spürst du wie dein Schutzengel dich berührt?
Dein Schutzengel ist immer bei dir. Er lacht mit dir, er tröstet dich und passt auf dich auf. Er ist wie ein guter Freund – auch wenn du ihn nicht mehr sehen kannst, wenn du gleich die Augen öffnest. Nur der Klang seiner hellen Stimme wird dir dann noch im Ohr sein. Welches Lied hat er für dich gesungen?
Anschließend dürfen die Kinder sich über ihre verschiedenen Schutzengel austauschen, ein Bild malen und/oder das Lied ihres Schutzengels singen.

Angebote zu weihnachtlichen Engeln

Engelsgedichte und Abzählverse

Engel haben große Füße,
Sternenhaar und mandelsüße,
glitzrig schöne Flügelspitzen,
die im Mondschein silbern blitzen.

Mitternachts- und Engelsküsschen,
schmecken fast wie Schokonüsschen.
Heute Nacht – so gegen drei –
War sogar noch Zimt dabei.

Oft hab ich mir schon gedacht:
Wein ich, wenn mein Engel lacht?
Oder lach ich, wenn er weint –
ist er nett zu meinem Feind?
Wird er grün, wenn ich ganz rot,
und neugeborn, wenn ich mal tot?
Ist er traurig, wenn ich froh –
er Elefant – ich Wasserfloh?
Ihn zu fragen hat keinen Zweck:
wenn ich da bin, ist er weg.

(Alle drei Verse aus: Rotraut Susanne Berner: Engel und anderes Geflügel 2)

Engelshandschuhe

Material: Handschuh, Zwirn, Stopfnadel, fünf Glöckchen pro Handschuh

Die Erzieherinnen helfen den Kindern, mit Zwirn und Stopfnadel an jeder Fingerspitze des Handschuhes ein Glöckchen anzunähen. Mit diesem Engelshandschuh können die Kinder rhythmisch Weihnachtslieder begleiten.

Engelsschellen

Material: Für jedes Kind 8 Messingschellen und 4 mm dicke feste Schnur (je 2 × 1 m).

Jeweils vier Messingschellen werden an einer Schnur im Abstand von ungefähr 25 cm befestigt. Die Schellenbänder werden den Kindern um die Fußgelenke gebunden. Damit können sie nun im Rhythmus Weihnachtslieder begleiten, indem sie mit ihren Füßen den Takt klopfen.

Die Engelsschellen können aber auch spielerisch eingesetzt werden:

★ Sanft wie Engel durch den Raum schweben, dabei kann man kaum einen Schellenton vernehmen.

★ Durch den Raum eilen, als herrsche hektisches Treiben im Himmel.

★ Wir tanzen wie die Engel nach dem Schlag der Triangel. Immer wenn ein Triangelschlag ertönt, springen die Engel kurz in die Höhe.

★ Wir tanzen wie die Engel nach dem Schlag des Tambourins. Je schneller und lauter das Tambourin ertönt, desto schneller hüpfen die Kinder von einem Bein auf das andere.

Die klingende Engelskugel

Material: eine aus zwei Halbkugeln beste-
hende Plastikkugel, drei Glöckchen oder
Murmeln

In die Kugel werden die Glöckchen gefüllt. Dann kann das Engelsspiel schon beginnen. Die Kinder sitzen im Kreis und
verschließen die Augen. Nun wird die Engelskugel in Richtung eines Mitspielers an-
gestoßen, so dass sie über den Boden rollt.
Dabei erklingen die Glöckchen und die
Kinder sollen am Klang erkennen ob die
Engelskugel auf sie zurollt und sie dann
fangen. Hat der Mitspieler sie geortet, wird
die Engelskugel neu angerollt.

Dem Engelsglöckchen folgen

Material: eine Triangel oder ein Glöckchen, Augenbinden

Die Kinder bilden Paare. Je einem Partner-
kind werden die Augen verbunden. Der
Spielleiter stellt den Engel dar. Er erklärt,
dass sich die Engel im Himmel blind bewegen können, indem sie dem Glöckchen
des größten Engels folgen. Die Kinder mit
Augenbinden sollen sich nun auf das En-
gelsglöckchen des Spielleiters hinbe-
wegen. Dazu ist jeweils der Partner behilflich, der leitet und führt, damit sich niemand verletzt.

Einige himmlische Wunschzettel-adressen

Wunschzettel, die an folgende Adressen
gesandt werden, werden vom Christkind
und seinen himmlischen Helfern höchst-
persönlich beantwortet:

An das Christkind,
★ Weihnachtspostamt,
   16789 Himmelpforte
★ Kinderweihnachtspostamt Himmels-
   tür, 31134 Hildesheim
★ Himmelreich,
   31524 Neustadt am Rübenberge

Der Engelchor

Ein Spieler wird zum Christkind ernannt
und dirigiert den Engelchor. Dazu hat es
einen goldenen Stab in der Hand, an dessen Ende sich ein goldener kleiner Stern
befindet. Das Christkind stimmt ein
Weihnachtslied an und bewegt dazu den
Taktstock. Alle Engel singen mit. Sobald jedoch das Christkind nicht mehr dirigiert,
müssen alle aufhören zu singen. Ist einer
der Engel unaufmerksam und singt weiter,
muss er ein Pfand abgeben. Die Pfänder
werden anschließend durch ein Spiel,
über das man sich vorher geeinigt hat,
wieder eingelöst.

Federengel

Material: 10 × 5 cm langer Papierstreifen, weiße Feder, Holzkugel, Klebstoff, Nadel, Faden

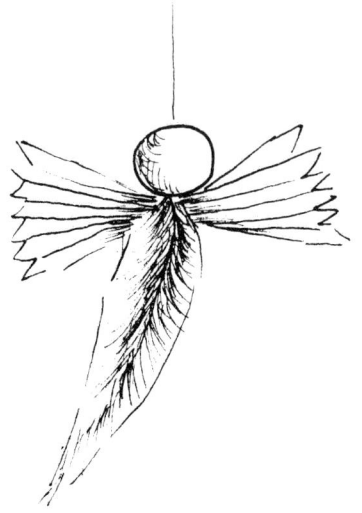

Der Draht wird entlang der äußeren Linie der Zeichenvorlage zu einem Drahtengel gebogen.

Faltengel

Material: einfarbige Servietten, Faden, Nadel, kleine Holzkugel

Der Papierstreifen wird ähnlich einer Ziehharmonika gefaltet und anschließend mit Nadel und Faden in der Mitte aufgefädelt und verknotet. So entstehen die Flügel des Engels. An den Flügeln wird die Feder als Körper mit Klebstoff fixiert. Anschließend wird die Holzkugel als Kopf an die Flügel geklebt – schon ist der Federengel fertig. Mit Hilfe eines Fadens kann man den Engel als Baumschmuck nutzen.

Aus einer Serviette einen 20 × 5 cm und einen 10 × 5 cm langen Papierstreifen schneiden. Beide Papierstreifen werden ähnlich einer Ziehharmonika zusammengefaltet. Dann wird der 20 × 5 cm lang Streifen an einem Ende mit einer Nadel auf einen Faden aufgezogen und dieser eng verknotet. So entsteht das Engelsgewand. Der 10 × 5 cm lange Papierstreifen wird in gleicher Weise, jedoch in der Mitte auf einen Faden aufgezogen. Beide Teile werden so aufeinander geklebt, dass der größere Papierstreifen sich zu einem Rock

Drahtengel

Material: leicht zu biegender Draht, Zange, einfache Zeichenvorlage eines Engels

64

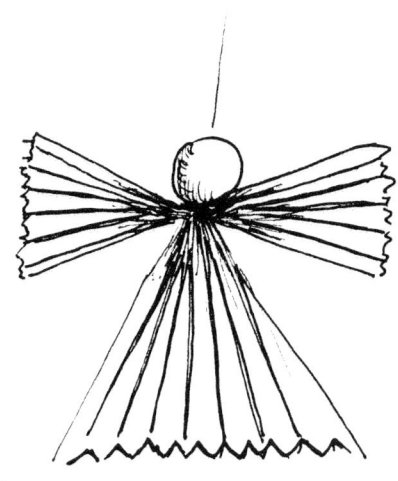

Die beiden Holzstäbe werden entsprechend der Zeichnung (→ S. 66) zu einem Kreuz zusammengelegt und mit Wolle fixiert. Der 1 m lange Folienstreifen wird ziehharmonikaartig gefaltet. So entstehen die Falten für den Rock des Engels. Durch das obere Ende diese Streifens wird ein Loch gebohrt, durch das ein Faden gezogen wird. Dann wickelt man den Plisseerock um den unteren Teil des langen Holzstabes und klebt den Rock zusammen. Entsprechend werden zwei Plisseearme gearbeitet, die anschließend um die Holzarme befestigt werden. Aus dem 10 × 20 cm großen Goldfolienstück wird ein Oval als eine Art Brust und Rückenlatz (siehe Zeichnung) zugeschnitten. Dieser erhält in der Mitte ein Loch und wird oben über den langen Holzstab gesteckt.

und der kleiner Papierstreifen zu den Flügeln entfaltet. Dann erhält der kleine Faltengel durch die Holzkugel seinen Kopf, der mit Klebstoff an den Flügeln fixiert wird. Jetzt fehlt nur noch ein kleiner Faden, um den Engel an den Baum zu hängen.

Rauschgoldengel

Material: 1 Goldfolienstreifen von 1 m Länge und 25 cm Breite, 2 Goldfolienstreifen von 50 × 10 cm, 1 Goldstreifen 4 × 45 cm, ein Stück Goldfolie von 10 × 20 cm, Kleber, Schere, zwei dünne Holzstäbe 32 und 21 cm lang, eine Holz- oder Styroporkugel 4 cm Durchmesser, 26 × 30 cm großes Stück Goldfolie, Zeitung, Wolle, Nadel, Faden, Klebstoff

Auch der 4 × 45 cm große Goldstreifen wird in Ziehharmonikafalten gelegt, mit einer Nadel auf einen Faden aufgefädelt und zu einem Stern aufgeklappt. Dieser wird als Halskrause über den Latz gelegt. Jetzt fehlt nur noch die Holzkugel, welche als Kopf auf den Holzstab aufgesteckt wird. Die Flügel des Engels werden aus einem 26 × 30 cm großen Stück Folie zugeschnitten. Dazu wird das Papier zusammengefaltet, so dass eine Bruchkante entsteht (siehe Zeichnung). Haare können aus Watte auf den Kopf aufgeklebt werden. Ebenso kann, wer möchte, dem Rauschgoldengel

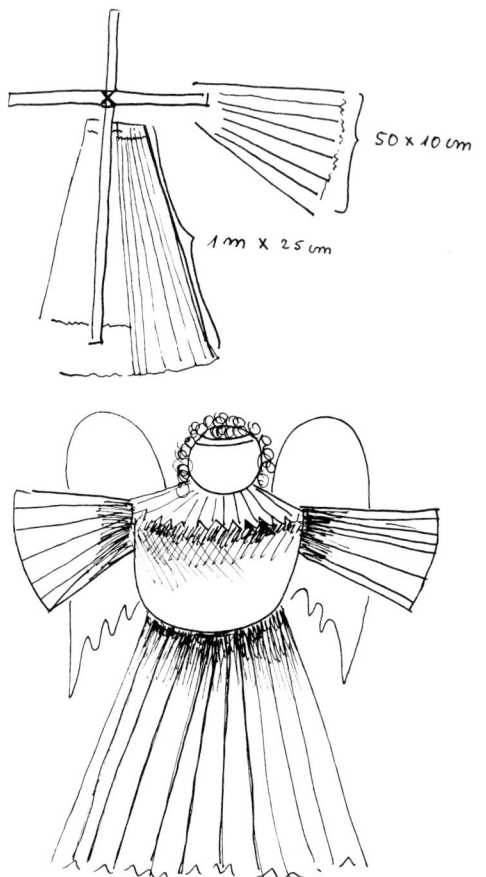

50 x 10 cm

1 m x 25 cm

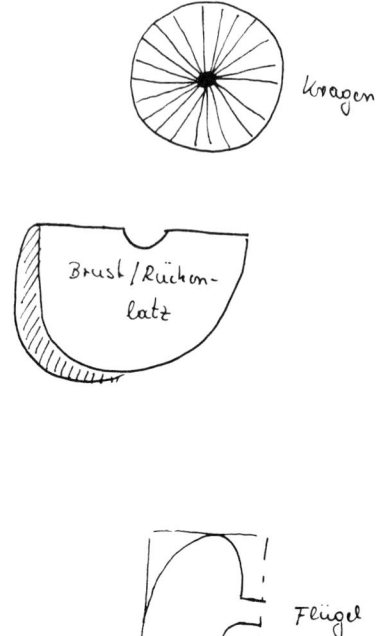

Kragen

Brust/Rücken-latz

Flügel

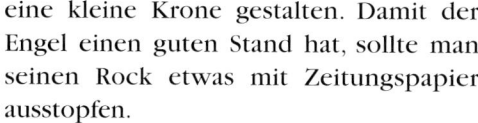

eine kleine Krone gestalten. Damit der Engel einen guten Stand hat, sollte man seinen Rock etwas mit Zeitungspapier ausstopfen.

Schutzengel

★ Kinder überlegen gemeinsam, in welchen schwierigen Situationen ihnen ein Schutzengel hilft oder geholfen hat.

★ Wie sehen die Schutzengel aus, die in Not geholfen haben?

★ Kinder überlegen sich, wann sie Schutzengel sein können.

★ Wie wäre es, wenn es keine Schutzengel gäbe?

Abends will ich schlafen gehen

Text: Adelheid Wette, Musik: Engelbert Humperdinck
Aus der Märchenoper Hänsel und Gretel von
Engelbert Humperdinck (1854–1921)

Tipp: Der Text kann von den Kinder gesprochen werden, die Erzieherin begleitet mit einem Instrument. Wer musikalisch geübt ist, kann das Lied auch gemeinsam in der Gruppe singen.

STERNE

Emil Nolde

(1867–1956)

Am 7. August 1867 wurde Emil Nolde als Sohn des Bauern Niels Hansen in Nolde nahe der deutsch-dänischen Grenze geboren. Wie seine drei Brüder sollte auch Emil Bauer werden. Doch die Landwirtschaft interessierte ihn weniger als die Malerei. So erlaubten ihm die Eltern mit 17 Jahren eine Lehre in einem künstlerischen Handwerk, der Holzschnitzerei. Diese Lehre absolvierte er in Flensburg; sie dauerte vier Jahre. Während dessen nahm Nolde Zeichenunterricht, um sich in der Malerei weiterzubilden. Nach abgeschlossener Lehre wanderte er von Stadt zu Stadt, wo er seine Schnitz- und Zeichenkenntnisse in verschiedenen Möbelfirmen einbringen konnte. 1892 erhielt er die Stelle des Lehrers für gewerbliches Zeichnen in St. Gallen. Nur sechs Jahre später bewarb er sich an der Münchner Kunstakademie, doch er wurde abgelehnt. So beschloss er eine Privatschule zu besuchen, um seine gestalterischen Fähigkeiten weiter zu bilden. In all dieser Zeit war Nolde auf der Suche nach einem eigenen künstlerischen Stil und er ließ sich von vielen Künstlern und Künstlergruppen beeinflussen. Als gelernter Schnitzer lag es nahe, sich in der Druckgrafik mit dem Holzschnitt zu befassen. Aber auch der Umgang mit Farbe reizte ihn immer wieder aufs Neue, bis zu jenem Tag, an dem er die Aquarellfarbe als sein wichtigstes Ausdrucksmedium erkannte. Dabei spielte insbesondere die Nass-in-Nass-Technik eine wichtige Rolle.

1902 heiratete Nolde Ada Vilstrup. Beide unternahmen zwischen 1913 – 1914 eine Expedition nach Neu Guinea. Wie viele andere expressionistische Maler ließ auch Nolde sich von der Ursprünglichkeit der Naturvölker begeistern und beeinflussen. Viele seiner Erlebnisse verarbeitete er in den kommenden Jahren in seinen Bildern. Dabei gewannen die Aquarellfarben für Nolde immer mehr an Bedeutung. Es faszinierte ihn, wie die auf eine nasse Malfläche aufgesetzte Farbe ihre eigenen Wege geht und selbstständig Motive bildet. Doch je mehr Nolde sein Ideal im Aquarell fand, desto härter wurden die politischen Auseinandersetzungen der Befürworter und Gegner seines ausdrucksvollen Malstils. Viele seiner expressionistischen Werke wurden 1937 beschlagnahmt. Damit

verbunden war eine Unter-
sagung seiner Maltätigkeit.
Nolde zog sich darauf hin
in seine Heimat nach See-
büll zurück. Doch das Mal-
verbot konnte ihn nicht
daran hindern, mit Formen
und besonders mit Farben
das auszudrücken, was ihn
bewegte. So entstanden in
dieser Zeit im Geheimen
über 1000 seiner so ge-
nannten „Ungemalten Bil-
der“. Am 13. April 1956
starb Nolde. Doch zuvor
wurden ihm nach Kriegs-
ende viele Ehrungen zuteil,
mit denen man sich darum
bemühte, ihn und sein
Werk zu rehabilitieren.

Heilige Nacht
(1912)

Vielen Menschen ist Emil Nolde als Maler von bezaubernden, farbenprächtigen Landschafts- und Blumenaquarellen bekannt. In der Nass-in-Nass-Technik entwickeln die Farben bei Nolde eine solche Eigendynamik, Schönheit und Leuchtkraft, dass sie den Anschein haben, als hätte ihnen Nolde freie Entfaltungsmöglichkeit gelassen.

Doch die wenigsten kennen seine religiösen Darstellungen. In diesem Zusammenhang steht auch das Gemälde der Heiligen Nacht. Kaum ein anderer Künstler hat zuvor den Blick aus der Krippe hinaus auf das Feld der Hirten gemalt. Die meisten Krippendarstellungen werden aus der Sicht von Außen nach Innen dargestellt. So erhält der Betrachter immer den Eindruck als sei er stiller außenstehender Beobachter der Krippenszenerie durch eine Tür oder ein Fenster. Bei Noldes „Heiliger Nacht" hingegen wird man als Betrachter direkt in das Weihnachtsgeschehen mit einbezogen. Der Einzelne wird in die weihnachtliche Handlung integriert. Wir betrachten die Szene mit den Augen eines bei der Geburt anwesenden Tieres oder Menschen. Wir erleben die Geburt mit den Augen eines anderen. Sehen wir das Bild aus dem Blick des Ochsen, eines Schafes oder eines Hirten, welcher sich ehrfurchtsvoll in die Hütte hineingetraut hat? Ganz gleich in welcher Rolle wir uns befinden, wir sind teilhabende Beobachter an der Geburt Jesu und können hautnah die Freude Marias und Josefs über die Geburt ihre Sohnes miterleben. So wie ein kostbares Geschenk, welches man allen präsentieren möchte, halten sie ihr Kind voller Bewunderung vorsichtig in die Höhe. Doch was wäre das Bild ohne die Leuchtkraft des kleinen gelben Sterns am blauen Nachthimmel, der hoffnungsvoll in die dunkle Hütte hinein leuchtet und diese erhellt? Ohne diesen Stern würde die Geburt in der Dunkelheit des Stalles verschwinden. Der kleine gelbe Stern jedoch wirft sein Licht so dezent durch die geöffnete Stalltür, dass das innere Geschehen in Glanz erstrahlen kann. Ganz zart sendet sein Schweif auch Licht hinunter zu den Hirten auf dem Feld, die noch ängstlich weit ab von der Krippe stehen. Auch der Esel, welcher zufrieden am rechten Bildrand Heu frisst, weiß das dezente Licht

und die überaus glückliche Stimmung in der Hütte zu schätzen. Zufriedenheit und Glück springen aus dem Bild auf den Betrachter über. Erhellt und beschützt vom kleinen gelben Stern.

Sterne – Symbole der Weihnachtszeit

Schon früh verdunkelt sich in der Weihnachtszeit der Himmel. An kalten klaren Abenden kann man eine Vielzahl von Leuchtkörpern am Himmel entdecken, welche das dunkelblaue Himmelszelt erhellen. Kinder malen sie gezackt, mit durchkreuzten Linien, als Punkte, mit langem Schweif oder als schwebende Planeten in der Galaxis. Doch diese leuchtende Punktesaat am Himmel fasziniert nicht nur Kinder, sondern auch Erwachsene. Schon immer gab es Menschen, welche dem Geheimnis um die Sterne auf den Grund gehen wollten. Viele glauben auch an eine Verbindung der Sterne mit dem eigenen Schicksal. Vielleicht weckte der Stern von Betlehem deshalb die Aufmerksamkeit von Hirten und Sterndeutern, denn zuvor hatte noch niemand eine solche außergewöhnliche Sternen-Konstellation gesehen. Der Stern mit dem Schweif wurde zum Erlebnis, zu einer Sternstunde für die Könige, die Hirten und uns. Auf diesen Stern, welcher den Hirten und Köni-

70

gen den Weg nach Betlehem wies, geht unsere Begeisterung zurück, die Weihnachts- und Adventszeit mit Sternen auszuschmücken. Ebenso wie für die Könige und Hirten sind sie für uns Zeichen einer beginnenden neuen Zeit. Ihr Glanz, ihr Licht ist Hoffnungsträger. Deshalb werden Sterne zu Stars, wenn es darum geht die Weihnachtszeit auszugestalten.

Annäherung an das Bild

Bildpräsentation

Das Bild wird den Kindern in einem ruhigen Raum präsentiert. Der Raum wird mit Kissen ausgelegt. Das Bild wird mit Packpapier verdeckt. Nur an der Stelle, an der sich der Stern im Bild befindet, wird ein kleines Loch in das Packpapier eingeschnitten. Des Weiteren werden kleine goldene Sterne vorbereitet, welche anschließend auf dem Boden verteilt und mit Klebeband befestigt werden, um den Kindern den Weg zum Bild zu weisen. Haben die Kinder den Weg gefunden, setzen sie sich vor das verhüllte Bild auf den Boden. Dann können sie gemeinsam die Fragen 1–3 diskutieren.

Anschließend erhält jedes Kind einen Bogen Zeichenpapier, auf welches an der gleichen Stelle wie bei Nolde ein goldenes Sternchen aufgeklebt ist. Die Kinder malen nun die Szene auf den Bogen Papier,

welche sie sich hinter der Verhüllung vorstellen.

Danach stellen die Kinder sich ihre Bilder gegenseitig vor.

Anschließend darf jedes Kind ein kleines Stück des Packpapiers abreißen, bis neue Szenen sichtbar werden. Daraufhin können die Fragen 4–7 besprochen werden.

Dann vergleichen die Kinder ihre Bildinhalte mit dem Bild von Nolde.

Noldes „Heilige Nacht" wird zuletzt zentriert auf einem großen Bogen Papier befestigt. Um dieses Bild herum werden die Bilder der Kinder angeordnet und aufgehängt.

Fragen zum Bild

1. Was fällt euch an dem Bild auf?
2. Was kann man trotz der Verhüllung auf dem Bild erkennen?
3. Um welche Tageszeit handelt es sich?
4. Habt ihr am dunklen Abendhimmel schon einmal Sterne beobachtet?
5. Wie sehen Sterne aus? Welche Form haben sie?
6. Kennt ihr vielleicht verschiedene Sterne?
7. Kennt ihr Geschichten oder Märchen, in denen ein Stern vorkommt?
8. Was glaubt ihr, befindet sich hinter dem Packpapier? Welche Szene könnte sich hinter dem Packpapier verbergen?
9. Welche Personen kann man im Vordergrund des Bildes erkennen?

10. Welche Personen befinden sich im Hintergrund?
11. Welche Tiere kann man auf dem Bild erkennen?
12. Wie heißt der Stern auf dem Bild?

Der Stern von Betlehem

Wenn es Winter wird und die Abende länger werden, kann man in klaren Nächten viele kleine und große Sterne am Himmel beobachten. Viele Wissenschaftler befassen sich mit den Sternen am Himmel. Sie geben ihnen Namen und fassen sie zu Sternbildern zusammen. Sie unterscheiden den Polarstern vom Mars und von der Venus und erkennen den großen und den kleinen Waagen am Himmel. Doch viele kleine Sterne erregen kein Aufsehen, erhalten auch keinen Namen und bleiben unbekannte Sterne am großen dunkelblauen Himmelszelt. Darüber ärgerten sich zu der Zeit, als das Jesuskind geboren wurde, viele kleine Sterne. Sie waren sehr traurig, denn auch sie wollten einmal mit dem Fernglas beobachtet werden, einen Namen erhalten und Aufsehen erregen. Deshalb veranstalteten sie eine große Kleine-Sterne-Konferenz um Rat zu halten. Viele kleine Sterne aus der gesamten Galaxie trafen sich zu diesem Ereignis. Alle wollten zu Wort kommen und redeten durcheinander, diskutierten und besprachen, wie sie wohl so große Aufmerksamkeit erzielen könnten, dass auch sie einen Namen erhalten.

Einer der ältesten und größten der kleinen Sterne wusste Rat. Aus einer guten Quelle wusste er, dass auf der Erde Jesus, der König der Armen, in diesen Tagen geboren werden sollte. Es wurde aber befürchtet, dass niemand ihm Beachtung schenken würde, denn die Menschen waren alle zu sehr mit dem König der Reichen und mit sich selbst beschäftigt. Der kleine Stern wusste zu berichten, der König der Armen würde in Betlehem in einem Stall zur Welt kommen, ohne dass irgendjemand davon Kenntnis nahm. Es ging also dem König der Armen genau so wie ihnen. Warum sollten sie nicht alle gemeinsam zusammenhalten und sich gegenseitig Aufmerksamkeit schenken?

Die vielen kleinen Sterne waren begeistert von der Idee des kleinen großen Sternes. Sie beschlossen, sich gemeinsam zu einem großen Stern zusammen zu schließen. Die größten der kleinen Sterne fügten sich zu einem großen Stern zusammen und die vielen kleinen Sternchen flossen wie ein transparenter samtartiger Schweif bis hinunter zur Erde. So entstand ein wunderschöner, prächtiger Stern, wie ihn zuvor noch niemand am Himmel gesehen hatte. Gemeinsam schwebten sie durch das All in die Nähe des Stalles bei Betlehem, wo gerade Jesus, der König der Armen, unbeachtet von den Menschen zur Welt gekommen war. Er wurde von seiner Mutter Maria aus der mit Stroh bedeckten Krippe genommen, um ihn dem stolzen Vater Josef zu zeigen. Kurz vor dem Stall machte der Sternen-Stern auf einem großen Feld Halt, wo der helle Schein des Schweifes die schlafenden Schafhirten an der Nase kitzelte. Sie wachten erschrocken auf und verwunderten sich über den großen, prächtigen Stern, der sich geradewegs über einem Schafstall niederließ. Sie folgten ihm bis zum Stall, dessen Tür so weit offen stand, dass das Licht des Sternes den Innenraum taghell erleuchtete.

Wie überrascht waren die Hirten, als sie darin ein neugeborenes Kind mit seinen Eltern vorfanden. Die Hirten bemerkten, dass von dem Kind etwas besonderes ausging. Sie fielen vor ihm auf die Knie und huldigten ihm.

Der große Stern erregte nicht nur Aufsehen bei den Hirten, sondern auch bei drei Sterndeutern aus dem Morgenland, welche einen so herrlichen Stern am Himmel noch nie zuvor gesehen hatten. Sie machten sich auf die Reise und folgten dem Stern. Auch sie fanden dank des Sternes das Kind in der Krippe. Dem Stern, der sie zur Krippe geführt hatte, gaben sie den Namen Stern von Bethlehem, denn dorthin hatte der Stern sie geführt.

Und so bekamen die kleinen Sterne das, was sie sich so sehnlichst gewünscht hatten, einen Namen und Aufmerksamkeit, denn viele Sternedeuter versuchten das Wunder um den wunderschönen, rätselhaften Stern zu lösen. Dieser war jedoch mittlerweile in alle Himmelsrichtungen verstreut.

Sternenhimmel

Material: dunkelblau eingefärbtes Leintuch, Vakuumverpackung von Kaffee, Bügeleisen, Schere, Zeitung

Aus der Vakuumverpackung schneiden Kinder viele verschiedene große und kleine Sterne. Diese werden anschließend mit Hilfe des Bügeleisens auf dem Leintuch festgebügelt. Dazu legt man die Sterne auf das dunkelblaue Tuch, überdeckt diese mit Zeitung und bügelt solange mit dem Bügeleisen über die Zeitung bis die Sterne am Stoff haften. Drapiert man das Tuch nun knapp unter der Decke, verdunkelt den Raum und erhellt ihn mit einigen Kerzen, schimmern die Sterne am „Himmel".

Sterne aus Leuchtfimo

Material: Leuchtfimo, Backförmchen (Sterne), Nudelholz, Backblech, Alufolie

Zuvor wird das Backblech mit Alufolie ausgelegt. Das Leuchtfimo wird nun durchgeknetet und mit einem Nudelholz gleichmäßig ausgerollt. Dann werden mit Hilfe der Backförmchen Sterne ausgestochen und auf das Backblech gelegt. Bei 130 Grad werden die ausgestochenen Formen anschließend ungefähr 130 Minuten gebacken – dabei aber für Frischluftzufuhr sorgen. Mit beidseitigem Klebeband lassen sich die Sterne anschließend gut an der Decke befestigen.

Großer Stern von Betlehem

Text und Musik: Jakobine Wierz

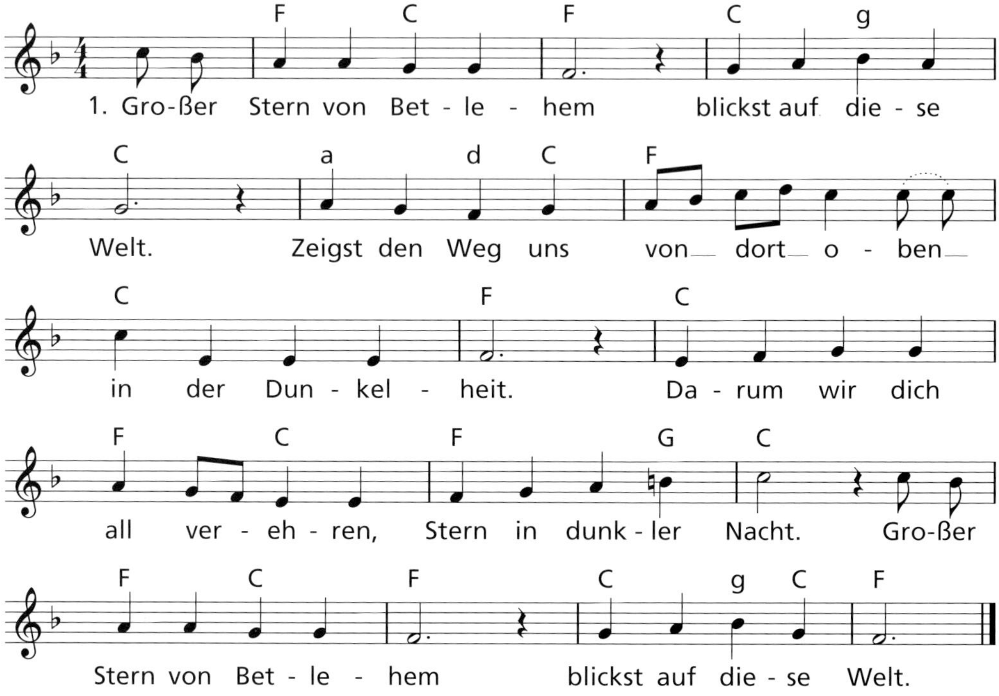

1. Gro-ßer Stern von Bet - le - hem blickst auf die - se Welt. Zeigst den Weg uns von dort o - ben in der Dun - kel - heit. Da - rum wir dich all ver - eh - ren, Stern in dunk - ler Nacht. Gro-ßer Stern von Bet - le - hem blickst auf die - se Welt.

2. Großer Stern von Betlehem …
   Siehst die Hirten und die Waisen,
   hin zur Krippe gehn.
   Darum wir dich all verehren, …

3. Großer Stern von Betlehem …
   Bist ein staunend stiller Zeuge
   jener heilgen Nacht.
   Darum wir dich all verehren, …

4. Großer Stern von Betlehem …
   Bist ein hoffnungsvolles Zeichen
   für Frieden in der Welt.
   Darum wir dich all verehren, …

74

Angebote zum weihnachtlichen Symbol Stern

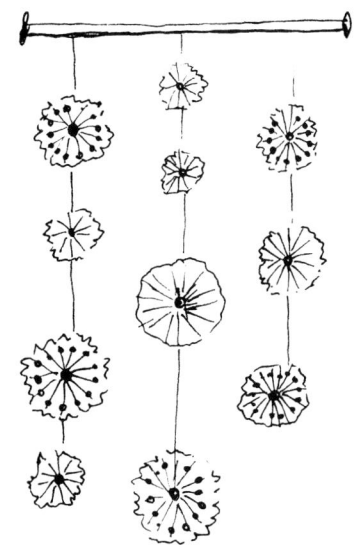

Sternanhänger aus Bienenwachs
Material: Bienenwachsplatten, Backförmchen in Sternform, Nadel, Faden

Aus Bienenwachsplatten werden mit Hilfe von Backförmchen Sternanhänger ausgestochen. Dies geht um so einfacher wenn man auf einer Ofenplatte die Förmchen vorher leicht erwärmt. Diese geben dann die Wärme an den Wachs ab, der dadurch weicher wird und sich besser durchstechen lässt. Das gleich gilt für das Loch, durch welches später ein Faden zum Aufhängen gezogen werden soll. Dieses Loch wird mit Hilfe einer vorher über einer Kerze erhitzten Nadel gestochen.

Sternengardine
Material: Schere, Goldfolie oder weißes Kopierpapier (dann wirken die Sterne später eher wie Schneekristalle), Nadel, Faden

Es handelt sich dabei um ein Gemeinschaftswerk mehrerer Kinder, bei dem viele verschiedenartige Sterne entstehen.
Das Papier oder die Folie werden ungefähr zu 60 cm langen und 5 cm breiten Streifen zugeschnitten. (Je breiter der Streifen ist, desto länger muss er sein). Diese Streifen werden gleichmäßig wie zu einer Ziehharmonika gefaltet. Die „Zieh-harmonika" kann gemäß der beigefügten Zeichnung Einkerbungen erhalten und (oder) an einem Ende abgeschrägt werden. An dem nicht abgeschrägten Ende wird durch die Ziehharmonika mit Hilfe einer Nadel ein Faden gezogen und fest verknotet. Die beiden Ziehharmonikaenden werden mit Klebstoff miteinander fixiert. Werden viele solcher fertigen Sterne übereinander aufgefädelt, erhält man eine traumhafte Sternengardine.

Gebets- oder Liederstern
Material: Packpapier, Karton 1 × 1 m, Schere, Filzstift, Klebstoff, zur Dekoration Vakuumverpackung von Kaffee, Goldfolienreste oder Folie von Pralinen oder Schokolade

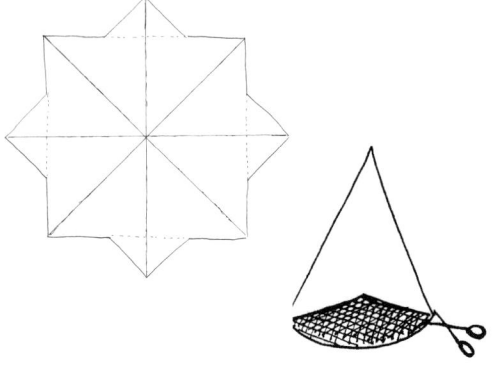

auf den Packpapierstern geklebt werden. Der Stern kann als Entscheidungshilfe dienen, wenn Kinder sich nicht einigen können, welches Lied oder Gebet sie singen oder sprechen wollen. Dazu braucht man lediglich einen Würfel zu werfen. Das Lied oder Gebet, in dessen Feld der Würfel liegen bleibt, kommt zum Einsatz.

Der schnelle Faltstern

Material: Tonpapier in Dreiecke geschnitten; Schere, Bleistift.

Aus dem Packpapier wird ein Kreis mit dem Durchmesser von einem Meter zugeschnitten.

Dieser wird zuerst in der Hälfte zusammengefaltet. Der so entstandene Halbkreis wird nochmals in der Hälfte gefaltet, sodass ein Viertelkreis entsteht. Der Viertelkreis wird dann noch einmal in der Mitte zu einem Achtelkreis gefaltet. In diesen wird gemäß der Zeichnung ein Dreieck von Ecke zu Ecke eingeschnitten. Faltet man den Kreis nun auf, erhält man einen Stern. Dieser wird auf den Karton geklebt. Durch das Falten sind acht Felder entstanden. In jedes dieser Felder wird nun ein Weihnachtslied oder ein Weihnachtsgebet geschrieben. Vielleicht können die Kinder ja Vorschläge machen, welche Gebete und Lieder im Stern stehen sollen. Die Kinder können zur Ausschmückung aus der Goldfolie kleine Sterne zuschneiden, die anschließend

Faltet man das Dreiecks-tonpapier gemäß der Zeichnung, entstehen in wenigen Augenblicken schöne Faltsterne, die Raum lassen zum Ausgestalten und die auch als Verpackung für kleine Geschenke genutzt werden können.

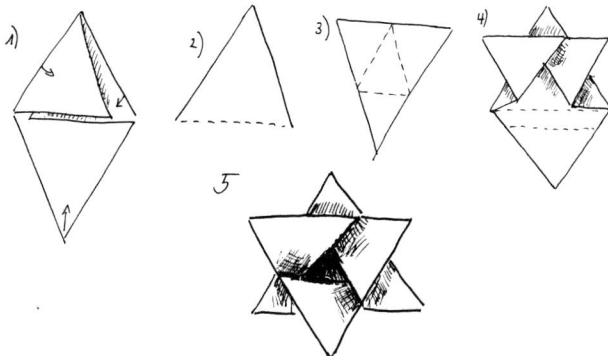

76

Sterndruckstock aus Wellpappe

Material: Weinkorken, Streichholzschachtel oder Holzklötzchen, Wellpappe oder Moosgummi, Heißklebepistole, Temperafarbe, Pinsel, Becher, Packpapier

Aus der Wellpappe werden Sterne in verschiedenen Größen zugeschnitten. In der Mitte eines jeden Sterns wird zentriert ein Weinkorken mit Hilfe der Heißklebepistole aufgeklebt. Dabei den Korken nicht auf der welligen Seite, sondern auf der glatten Seite aufkleben. Nun die Sterne mit Temperafarbe anmalen und den Stern auf das bereits ausgerollte Packpapier drucken. Viele Sterne in unterschiedlichen Farben und Formen ergeben ein wunderschönes Geschenkpapier.

Die Sterne lassen sich auch auf Zeitungspapier drucken. Die Schrift ergibt dabei einen zusätzlichen Effekt.

Sternenhimmelspiel

Material: Schuhkartondeckel, Goldfolie, Schere, Klebstoff, Pappe, dunkelblaue Tempera- oder Deckmalfarbe, Pinsel, Becher, Murmel

Die Innenseite des Schuhkartondeckels wird mit dunkelblauer Farbe als Himmel angemalt. Anschließend wird die Goldfolie auf die Pappe aufgeklebt. Dann werden daraus fünf Sterne ausgeschnitten. Diese werden, sobald die Farbe getrocknet ist, in die vier Ecken des Schuhkartondeckels eingeklebt. Den fünften Stern fixiert man in der Mitte. Schon ist der Himmel fertig. Nun werden die einzelnen Sterne der Reihe nach durchnummeriert. Der mittlere Stern erhält die Nummer fünf. Dann kann das Spiel beginnen. Dazu wird in den Deckel eine Murmel gelegt, die Aufgabe besteht nun darin, die Murmel von Stern eins bis zu Stern vier zu balancieren. Rollt die Murmel über den mittleren Stern, muss man wieder von vorne beginnen.

Spielvariante: Pro aufeinander folgendem Stern werden die Zahlen miteinander addiert. Rollt die Kugel über Stern Nummer fünf, werden fünf Punkte abgezogen.

Perlenstern

Material: Perlen 4 mm, Perlen 6 mm, Basteldraht, Drahtzange, Naturbast

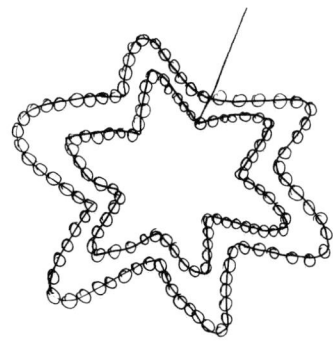

Der Perlenstern besteht aus zwei miteinander verbunden Sternen, deshalb bedarf es pro Perlenstern eines langen und eines kurzen Stücks Draht. Beide Drähte werden nach der beigefügten Zeichnung zu zwei verschieden großen Sternen gebogen. Natürlich kann auch jeder ein Motiv nach eigenen Vorstellungen biegen. Ist die Form fertig gebogen, so wird jeweils an einem Ende eine kleine Öse geformt. Dann werden Perlen aufgefädelt und zum Abschluss eine zweite Öse geformt. Beide Ösen werden dann miteinander verschlungen, so dass keine Perle mehr entweichen kann.

Anschließend werden beide Sterne mit Hilfe des Bastes so miteinander verbunden und verknotet, dass der kleine Stern im Inneren des großen hängt.

Bewegtes Sternenlicht

Material: großer leerer Jogurtbecher aus milchigem Plastik, schwarzes Tonpapier, Teelicht, Sternlocher

Zuerst wird das Etikett vom Jogurtbecher entfernt. Anschließend wird aus dem schwarzen Tonkarton ein Rechteck zugeschnitten, zu einem Zylinder zusammengerollt und fixiert. Der Zylinder muss durch die Öffnung des Jogurtbechers passen und bündig mit dem Rand des Bechers abschließen. Dennoch muss ein kleiner Abstand zwischen Zylinder und Jogurtbecherwand bestehen.

In den Zylinder werden mit Hilfe eines Sternenlochers (man erhält diese mit zahlreichen Motiven) Sterne ausgestanzt. Schon ist das Sternlicht fertig. Es bedarf nur noch

eines Teelichtes, welches in den Jogurtbecher gestellt wird. Darüber wird der Zylinder gestülpt. Beobachtet man nun das Licht, so wirft es sich bewegende Sternchen an die milchige Wand des Bechers.

Süße Sterne

Zutaten: 500 g Mehl, 120 g Butter, 250 g Zucker, 3 Eier, 1 Zitronenaroma, 1 Messerspitze Hirschhornsalz

Aus den Zutaten wird ein Teig hergestellt. Dieser wird ausgerollt und mit Hilfe von Ausstechförmchen (Sternenform) zu Plätzchen ausgestochen und auf ein bereits eingefettetes Backblech gelegt. In einem vorgeheizten Ofen werden die Plätzchen bei 220 Grad ungefähr 10 Minuten gebacken.

Der Adventsstern zum Würfeln

Material: großer Pappkartonbogen 1 × 1 m, Bleistift, Schere, Würfel, gelbe Temperafarbe, Pinsel, Becher

Auf den Pappkarton wird ein 1 × 1 m großer Stern aufgemalt, ausgeschnitten und mit gelber Farbe bemalt. Dieser wird gemäß beigefügter Zeichnung mit vielen Innenlinien durchkreuzt, sodass ein Netz aus mindestens 24 Feldern entsteht. Diese symbolisieren die 24 Dezembertage bis Weihnachten. Dementsprechend werden auch die Felder nach Wahl mit 1–24 durchnummeriert. Dann kann das Spiel begin-

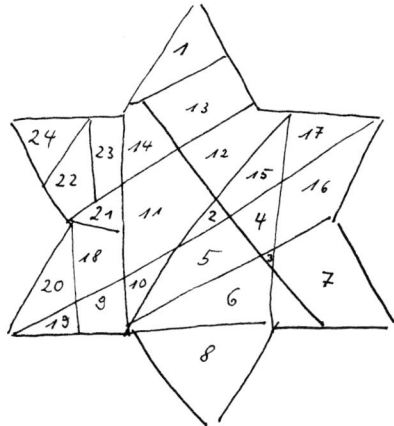

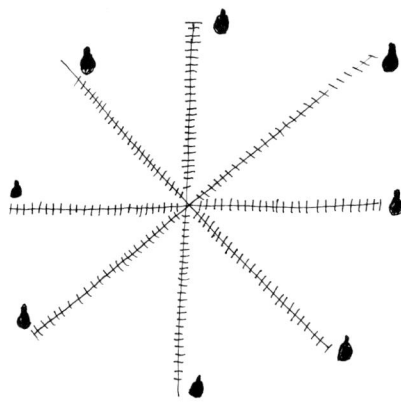

nen. Es wird über das Spielfeld gewürfelt. Bleibt der Würfel auf einem Feld mit einer Zahl liegen, wird die Punktzahl dem würfelnden Spieler gut geschrieben. Es werden im Uhrzeigersinn so viele Runden gespielt, wie das Spiel Spaß macht. Zum Schluss werden pro Spieler alle erreichten Punkte miteinander addiert. Gewonnen hat der Mitspieler, der die höchste Punktzahl erreicht hat.

Sternenspiel
Material: Blatt Papier, Bleistift, acht kleine goldene durchnummerierte Sternchen

Auf das Papier wird mit Bleistift ein Stern aus vier sich überkreuzenden, 30 cm langen Linien aufgezeichnet. Dadurch entsteht ein achtstrahliger Stern. Diese Strahlen werden durchnummeriert. Jeder dieser Strahlen wird mit 25 Querstrichen

eingeteilt. Dann wird jedem Spieler ein Sternenstrahl und ein nummeriertes Sternchen als Spielstein zugeteilt. Nun kann das Spiel beginnen. Würfelt ein Spieler eine Zwei, so fährt er mit seinem Sternchen auf den zweiten Querstrich. Würfelt er eine Fünf, führt er sein Sternchen auf den fünften Querbalken. Wer die Mitte zuerst erreicht, hat gewonnen.

Sternenspaziergang
Material: ca. 30 goldene Sterne zum Aufhängen, 30 Schokoladensterne

Heimlich werden vor einem Spaziergang Sterne an Sträucher oder Äste gehängt. Die Kinder sind aufgefordert, diese Sterne zu finden. In die Einrichtung zurückgekehrt, kann jedes Kind seine entdeckten Sterne gegen Schokoladensterne eintauschen.

DIE KRIPPE

Albrecht Dürer
(1471 – 1528)

Albrecht Dürer wurde am 12. Mai 1471 in Nürnberg geboren. Sein Vater war Goldschmied und ebenso wie er, sollte auch sein Sohn Albrecht diesen Beruf erlernen. Doch Albrecht hatte andere Interessen; er wollte Maler werden. Dennoch musste er das Handwerk des Vaters erlernen. Dies beinhaltete auch eine zeichnerische Ausbildung. Denn jedes Schmuckstück musste zuerst einmal auf dem Papier entworfen werden, bevor es gestaltet wurde. Nach abgeschlossener Lehre durfte Albrecht als Lehrling die Werkstatt des Malers Michael Wohlgemut besuchen. Dort lernte er nicht nur das Malen, sondern auch die Druckkunst. Am Ende seiner Lehre schickte Meister Wohlgemut Dürer auf Wanderschaft, damit er auch bei anderen Meistern weitere Techniken erlernen konnte. Am 7. Juli 1494 heiratete Albrecht in Nürnberg. Noch im selben Jahr reiste er nach Italien. Diese Reise dokumentierte Dürer mit Pinsel und Aquarellfarben. Im Ausland machte er die Bekanntschaft vieler Künstler, die ihn in seiner eigenen Gestaltung nachhaltig prägten. Dürer erlebte seine Kollegen dort nicht mehr als Handwerker, sondern als selbstbewusste Künstler. Aus diesem neugewonnenen Selbstbewusstsein heraus machte sich Dürer nach seiner Rückkehr als Künstler selbstständig. Geld verdiente er mit Auftragsarbeiten. Dabei spielten Porträts eine besondere Rolle. Albrecht Dürer starb am 6. April 1528.

Paumgartner Altar
(um 1498)

Dürer malte den Paumgartner Altar im Jahre 1498 als Auftragsarbeit der Gebrüder Stephan und Lukas Paumgartner. Es handelt sich dabei um einen dreiflügeligen Altar, dessen Mitteltafel die Anbetung des Jesuskindes durch Maria, Josef, die Engel und die Hirten zeigt. Auch Ochs und Esel wohnen der Anbetungsszene bei. Es befinden sich noch weitere Figuren auf dem Bild, welche dem Kind huldigen. Die am unteren rechten und linken Bildrand befindlichen kleinen Figuren stellen die Familie Paumgartner dar. Solche kleinen Porträtfiguren der Auftraggeber innerhalb eines komplexen Werkes nennt man Stifterfiguren. Stifter waren reiche Persönlichkeiten, die es sich leisten konnten, ein Bild in Auftrag zu geben. Dennoch drängen sie sich mit ihrem Porträt nicht in den Vordergrund, sondern knien nach Geschlecht getrennt demütig zu Füßen des Jesuskindes. Dabei kann man die beiden Brüder Stephan und Lukas genau identifizieren. Sie knien nebeneinander an Josefs Seite. Die Krippenszenerie ist auf einer ruinenähnlich gestalteten Bühne inszeniert. Zwischen zwei Häusern in einem von Holzbrettern überdachten Übergang erblickt in einem vom Künstler perspektivisch durchdachten Raum

der Jesusknabe die Welt. Natur und Perspektive scheinen den Maler ebenso gereizt zu haben wie das eigentliche Motiv, die Geburt des Jesuskindes. Der Paumgartner Altar befand sich einst in der Katharinenkirche in Nürnberg. Heute ist er in der Alten Pinakothek München zu besichtigen.

Die Krippe als Symbol der Geburt Jesu

Krippen ziehen Groß und Klein wie ein Magnet an. Es gibt Krippenausstellungen, Krippenfahrten, an Weihnachten werden in den Familien Krippen aufgebaut und nicht zuletzt bilden Krippen in der Heiligen Nacht den Mittelpunkt des Gottesdienstes. Woher kommt diese Begeisterung für die Krippe? Der Kirchenlehrer Hieronymus berichtet, dass die figürliche Darstellung der Geburt Jesu schon im 4. Jahrhundert gebräuchlich gewesen sei. So fand man in den Katakomben Roms Steinsärge, auf denen das Motiv der Geburt Jesu mit Ochs und Esel dargestellt wurde.

440 brachte die römische Kaiserin Helena von einer Reise ein echtes Stück der Krippe, in welcher das Jesuskind geboren sein soll, mit nach Rom. Dort verehrt man es heute noch in der Kirche Santa Maria Maggiore in Rom.

1223 stellte Franz von Assisi zum ersten Mal eine Krippe mit lebendigen Figuren, Ochs und Esel auf. Diesen Brauch, die Geburt Jesu in szenischer Darstellung (Geburt, Verkündigung, die Verehrung der hl. Dreikönige) lebendig werden zu lassen, ermöglichte denen, die nicht lesen und schreiben konnten, die Weihnachtsbotschaft dennoch zu verstehen und zu erleben. So wurde die Krippen durch die Franziskaner und Jesuiten zum Anschauungsmittel bei der Vermittlung der Frohen Botschaft.

Die Krippe als Anschauungsmaterial zur Verkündigung des weihnachtlichen Inhalts ist sicher auch heute noch sowohl für Erwachsene als auch für Kinder hochaktuell. In Szene gesetzt wird sichtbar,

dass der unendlich mächtige Gott als hilfloses wehrloses Kind geboren wurde, schutzlos und obdachlos. In dieser Rolle ist Gott Kindern näher, als in der Person eines allmächtigen, unbegreifbaren, unsichtbaren Gottes. Vielleicht liegt darin die ungebrochene Bedeutung der Weihnachtskrippe.

Jede von Dürer dargestellte Person ist Träger symbolischer Bedeutung:

Maria: Maria, die Mutter des Jesuskindes. Sie wird auch Miriam genannt. Dieser Name bedeutet: Ich bin von Gott geliebt. Sie trägt ein blaues Kleid als Zeichen der Reinheit.

Josef: Josef machte sich mit der hochschwangeren Maria auf den Weg nach Bethlehem zur Volkszählung. Er wird mit einem weiten Mantel dargestellt. Dieser weite Mantel schützt vor Wind und Wetter und ist somit Symbol für die beschützende Rolle Josefs. Er hält eine Laterne in seiner linken Hand. Sie symbolisiert die Rolle Josefs als Beschützer des ewigen Lichtes.

Jesuskind: Es wird als kleines, hilfloses, schutzloses und nacktes Kind dargestellt. Die Blicke aller um es herumgruppierten Figuren richten sich auf das Kind. Dadurch wird es zum Mittelpunkt des Bildes.

Ochs und Esel: Eigenartigerweise waren Ochs und Esel in die Krippendarstellungen seit jeher integriert, obgleich sie im Weihnachtsevangelium überhaupt nicht vorkommen. Dies hat seinen Ursprung darin, dass man sich eine Futterkrippe ohne Tiere nicht vorstellen konnte. Die ersten, die das Jesuskind zu sehen bekamen, waren der Esel, ein Lasttier, und der Ochs, der vor einen Karren gespannt schwere Last zu ziehen hatte. Sie unterstreichen mit ihrer Anwesenheit die Armut der Geburt Jesu.

Schafe: Schafe sind gutmütige und geduldige Tiere. Die winzige Schafherde, die man im Hintergrund des Bildes auf der Weide sehen kann, steht symbolisch für einen anderen Namen des Jesuskindes, „Lamm Gottes", und verweist somit auf Jesus, der sich geduldig wie ein Lamm für die Menschen opfert.

Hirten: Hirten waren nicht sehr angesehen. Sie waren ungepflegt, benutzten einen rauen Umgangston und sahen wenig Vertrauen erweckend aus. Sie waren arme bezahlte Tagelöhner und hatten keinen besonders guten Ruf. Gerade deshalb waren sie die Auserwählten, die als erste das Jesuskind sehen durften. Die Hirten werden in drei Lebensaltern dargestellt.

Engel: Die Engel verkünden den Hirten die frohe Botschaft der Geburt Jesu auf dem Feld. Sie sind Figuren, welche zwischen Himmel und Erde vermitteln.

Stifterfiguren: In Dürers Bild kommen auch die Personen vor, die das Bild beim Künstler in Auftrag gegeben haben. Diese Figuren machen das Besondere dieser Krippendarstellung aus. Dürer hat sie als kleine betende Stifterfiguren neben der Krippe dargestellt.

Annäherung an das Bild

Bildpräsentation

Material: vergrößerte Kopie des Bildes Paumgartner Altar, Klebstoff, Pappe, Schere

Die Kopie auf Pappe aufkleben. Die Rückseite des Kartons in Felder einteilen und durchnummerieren. Dann entsprechend dieser Einteilung auseinanderschneiden. Dadurch entsteht ein Puzzle. Diese Teile werden nun vollständig so zusammengesetzt, dass die Bildseite nicht sichtbar ist. Am besten legt man das Bild auf eine Tisch- oder Holzplatte. Jeden Tag darf nun ein anderes Kind ein Puzzleteil aufdecken. So entsteht im Laufe von ein oder zwei Wochen das vollständige Bild. Teilt man das Bild in 24 Flächen ein, kann das Bild auf diese Weise auch als Adventskalender benutzt werden. Bis zum Heiligabend kann die Krippendarstellung vollständig zusammengesetzt werden.

Fragen zum Bild

1. Wie viele Personen sind auf dem Bild dargestellt?
2. Wie viele Engel befinden sich auf dem Bild?
3. Wo befinden sich die Hirten?
4. Welcher Hirte ist der älteste und welcher der jüngste?
5. Gibt es auch Ochs und Esel?
6. Kannst du auch eine Schafherde erkennen?
7. Wo befinden sich im Bild Tauben?

8. Kennt ihr sonst noch Figuren auf dem Bild? (heilige Dreikönige) Welche Tageszeit ist in der Darstellung verwendet worden?

9. Gibt es auf dem Bild Figuren, die nicht zu einer normalen Krippe gehören?

10. Beschreibe diese Figuren. Wie sehen sie aus?

Kinder malen eine Krippendarstellung

Dürer hat die Auftraggeber mit ihrer Familie in der Darstellung als kleine betende Stifterfiguren neben der Krippe dargestellt. Die Kinder malen eine Krippendarstellung, in dem sie ebenfalls sich und ihre Familien als Figuren ins Bild integrieren.

Krippengespräch

Jedes Kind darf sich eine Krippenfigur aus dem Bild auswählen. Dazu soll es eine Geschichte erfinden, in deren Mittelpunkt die Überlegung stehen sollte, warum diese Figur zur Krippe gekommen ist.

Das Weihnachtsevangelium nach Lukas 2,1–20

In jenen Tagen erließ Kaiser Augustus den Befehl, alle Bewohner des Reiches in Steuerlisten einzutragen. Dies geschah zum ersten Mal; damals war Quirinius Statthalter von Syrien. Da ging jeder in seine Stadt, um sich eintragen zu lassen.

So zog auch Josef von der Stadt Nazareth in Galiläa hinauf nach Judäa, in die Stadt Davids, die Betlehem heißt; denn er war aus dem Haus und dem Geschlecht Davids. Er wollte sich eintragen lassen mit Maria seiner Verlobten, die ein Kind erwartete. Als sie dort waren, kam für Maria die Zeit ihrer Niederkunft, und sie gebar ihren Sohn den Erstgeborenen. Sie wickelte ihn in Windeln und legte ihn in eine Krippe, weil in der Herberge kein Platz für sie war. In jener Gegend lagerten Hirten auf freiem Feld und hielten Nachtwache bei ihrer Herde. Da trat der Engel des Herrn zu ihnen und der Glanz des Herrn umstrahlte sie. Sie fürchteten sich sehr, der Engel aber sagt zu ihnen:

„Fürchtet euch nicht; denn ich verkünde euch eine große Freude, die dem ganzen Volk zuteil werden soll: Heute ist euch in der Stadt Davids der Retter geboren; er ist der Messias, der Herr. Und das soll euch als Zeichen dienen: Ihr werdet ein Kind finden, das in Windeln gewickelt in einer Krippe liegt."

Und plötzlich war bei dem Engel ein großes himmlisches Heer, das Gott lobte und sprach: „Verherrlicht ist Gott in der Höhe und auf Erden und Friede den Menschen seiner Gnade."

Als die Engel sie verlassen hatten und in den Himmel zurückgekehrt waren, sagten die Hirten zueinander: Kommt, wir gehen nach Betlehem, um das Ereignis zu sehen, das uns der Herr verkünden ließ. So eilten sie hin und fanden Maria und Josef und das Kind, das in der Krippe lag. Als sie es sahen, erzählten sie, was ihnen über dieses

Kind gesagt worden war. Und alle, die es hörten, staunten über die Worte der Hirten. Maria aber bewahrte alles was geschehen war in ihrem Herzen und dachte darüber nach. Die Hirten kehrten zurück, rühmten Gott und priesen ihn für das, was sie gehört und gesehen hatten; denn alles war so gewesen, wie es ihnen gesagt worden war.

Angebote zum Erleben der weihnachtlichen Botschaft

Krippenkalender

Statt Süßigkeiten oder Spielzeug können sich im Adventskalender 24 Krippenfiguren oder Gegenstände befinden (Maria, Josef, Jesuskind, Ochs und Esel, Krippe, Heu, Engel, mehrere Hirten, mehrere Schafe eventuell auch schon die Dreikönige mit Kamelen). Jeden Tag darf ein anderes Kind eine Figur aus dem Adventskalender entnehmen und in einer bereits aufgebauten Landschaft und Krippenszenerie aufstellen. Dabei sollte man beim Bestücken des Kalenders darauf achten, dass Krippe, Stroh und Jesuskind sich in den Türen 22, 23, 24 befinden.

Wer könnte heute an der Krippe stehen?

Das Jesuskind kam in einer ärmlichen Umgebung auf die Welt. Es zeigte sich zuerst den Ärmsten der Armen. Unter diesem Gesichtspunkt sollen Kinder gemeinsam Antworten auf die folgenden Fragen finden

★ Wenn das Jesuskind nicht vor 2000 Jahren auf die Welt gekommen wäre, sondern heute, wer würde dann an der Krippe stehen? In welchem Land könnte das Kind auf die Welt kommen?

★ Welche Hautfarbe könnte das Jesuskind auch noch haben?

★ Würde das Kind heute auch noch in einem Stall auf die Welt kommen?

★ Würden Engel die Frohe Botschaft der Geburt Jesu verkünden?

★ Welche Geschenke würde man heute dem Jesuskind machen? Welche Geschenke würde sich das Jesuskind wünschen?

Auf dem Weg nach Betlehem

Auf einem langen Flur werden 24 Steine hintereinander gelegt. Sie symbolisieren die Wegstrecke, welche Maria und Josef auf ihrem Weg nach Betlehem zurück legen müssen. Jeder Stein steht für eine Tagesstrecke und somit für einen Tag im Advent. An einem Ende des Flures werden Maria und Josef aufgestellt, an dem anderen Ende befindet sich ein leerer Stall mit einer leeren Krippe. Jeden Tag wandern Maria und Josef einen Stein weiter. Dazu werden die Kinder zusammengerufen.

★ Dann dürfen die Kinder erzählen, was Maria und Josef an diesem Tag erleben.

★ Man kann aber auch an dieser Stelle immer eine andere Weihnachtsgeschichte vorlesen.

Kinder beschenken das Christuskind

Die Kinder sollen sich überlegen, was sie dem Jesuskind schenken könnten. (Spielzeug von dem die Kinder sich trennen können, etwas selbst Gestaltetes, ein gemaltes Bild, eine Tasse Milch, etwas Brot, ein Lied, das für das Jesuskind gesungen werden soll usw.). Diese Geschenke werden am letzten Kindergartentag oder Heiligabend in der Familie oder Gemeinde feierlich vor der Krippe niedergelegt oder vorgetragen.

Krippenspiel

Material: Overheadprojektor, Leintuch über ein Seil gespannt, evtl. Kostüme für die Kinder

1. Szene

(Der Text wird von einem Erzähler vorgelesen, die Kinder spielen zum Text).
Vor ungefähr 2000 Jahren in einer sternenklaren Nacht erlebten die Hirten Johannes, Jakob, Peter, Markus und Lukas etwas ganz besonders.
(Der Overheadprojektor wird angeschaltet. Johannes und Lukas sitzen am Boden und spielen auf ihren Flöten, die beiden anderen tanzen um die Feuerstelle herum.)

Johannes und Jakob musizierten mit ihren Flöten am Boden vor dem wärmenden Feuer. Peter, Markus und Lukas tanzten drum herum, damit ihnen warm würde, denn es war bitterkalt. Als sie sich ein bisschen aufgewärmt hatten, setzten sie sich gemeinsam um das Feuer, machten Scherze, unterhielten sich und vertrieben sich die Zeit mit dem Erzählen von spannenden Geschichten *(Die vier Hirten setzen sich um das Lagerfeuer und gestikulieren).*

Dabei beobachteten sie jedoch stets die Schafe auf dem Feld, die ihnen anvertraut waren. Als Lukas mal wieder nach den Tieren schaute, erblickte er in der Ferne ein winzig kleines Licht. *(Lukas erhebt sich hält die Hand vor die Stirn, so als halte er Ausschau).*

Es war das Licht einer Laterne, das konnte Lukas genau erkennen. Sofort machte er die anderen Hirten auf das Licht aufmerksam. *(Lukas geht von Hirte zu Hirte, rüttelt sie an der Schulter und weist mit dem Finger jeweils in die Richtung in der er das Licht wahrgenommen hatte. Alle stellen sich gemeinsam hintereinander und schauen in die gleiche Richtung, die hinteren recken sich, um besser sehen zu können.)*

Als das Licht näher kam, konnten die Hirten einen Mann und eine schwangere Frau erkennen. Wie kamen die beiden in eine solch Gott verlassene Gegend?

(Langsam und beschwerlich treten Josef, auf einen Stab gestützt, mit Maria, sie trägt die Laterne, in die Schattenspielszenerie ein und nähern sich der Feuerstelle.)

„Guten Abend, wir sind Maria und Josef. *(Josef begrüßt die Hirten, indem er ihnen die Hand reicht.)* Wir haben einen langen Weg hinter uns, niemand hat mir und meiner schwangeren Frau eine Unterkunft gewährt. Die Stadt war auf Grund der Volkszählung überfüllt. In keiner Herberge fanden wir noch ein Plätzchen. Wir haben Hunger und Durst. Ob ihr wohl für uns etwas Brot und Wasser habt? *(Der Hirte Johannes eilt, um dem hungrigen Paar etwas vom eigenen Proviant abzugeben.)*

„Wir haben auch ein warmes Plätzchen für euch!", meinte Markus. „Ich werde euch gleich hinführen. *(Markus nimmt Maria die Laterne aus der Hand.)* Folgt mir, ich werde euch in unseren Schafstall führen. Dort ist es warm. Die Schafe und wir bleiben die Nacht über auf dem Feld, so könnt ihr es euch im Stall bequem machen und euch ausruhen." *(Markus macht sich mit Maria und Josef auf den Weg und verschwindet aus der Schattenszenerie)*

Derweil legten die anderen Hirten frische Holzscheite auf die Feuerstelle. *(Hirten agieren entsprechend.)* „Lasst uns näher zusammenrücken, es wird kalt!", murmelte einer von ihnen. Die Hirten legten sich näher an das Feuer heran und deckten sich mit ihren mitgebrachten Decken zu. Es war spät und die Ereignisse hatten sie müde gemacht. Sie wollten schlafen, denn am nächsten Morgen mussten sie wieder früh an die Arbeit. *(Projektor geht aus. Auf dem Projektor wird eine verknautschte transparente Nylontüte platziert. Hinter der Schattenwand hat der Engel seinen Platz eingenommen. Projektor wird wieder angeschaltet.)*

2. Szene

Im Schlaf erschien den Hirten ein Engel. Er sprach „Fürchtet euch nicht. Habt keine Angst. Ich verkünde euch eine frohe Botschaft. Macht euch auf den Weg zu eurem Stall, dort ist gerade etwas Wunderbares geschehen. Maria hat den Heiland, den Retter der Welt geboren." *(Den Projektors ausschalten. Die transparente Nylontüte wird vom Projektor entfernt. Der Engel verschwindet hinter der Leinwand. Ein großer Pappstern wird an der Leinwand befestigt. Projektor wird wieder eingeschaltet.)*

Kurz nach dem der Engel entschwunden war, erschien am Himmel ein wunderschöner prächtiger Stern. Die Hirten erwachten aufgeregt und blickten hinauf in der Hoffnung, den Engel sehen zu können. Doch statt des Engels erblickten sie den prachtvollen Stern. Sie fragten einander, ob sie wohl das Gleiche geträumt hatten. *(Hirten tun so, als ob sie aufgeregt miteinander reden.)* Als sich der Traum bei allen bestätigte, sammelten sie eilig ihre sieben Sachen *(Hirten bewegen sich eilig hinter der Leinwand.)* und löschten schnell das noch brennende Feuer. *(Johannes hält einen leeren Eimer über die Feuerstelle.)* Doch sie konnten nicht mit leeren Händen vor das Kind treten. So überlegten die Hirten, wie sie dem Kind eine Freude machen könnten. *(Die Hirten machen eine Geste des Überlegens.)*

„Ich werde ihm ein Licht mitbringen." *(Markus hält ein Laterne in die Höhe.)* „Ich werde ihm meine Pfeife mitbringen." *(Johannes hält die Pfeife in die Höhe.)* „Ich werde ihm einen Schafspelz mitbringen." *(Lukas hält das Fell in die Höhe.)* „Ich werde Schafsmilch mitbringen, sicher ist die Familie durstig." *(Jakob hält eine Milchkanne in die Höhe.)*. „Ich werde ihm Schafswolle mitbringen, damit kann man dem Kind einen warmen Pullover stricken." *(Peter hält einen Wollknäuel in die Höhe)*. Dann machten sie sich auf den Weg in Richtung Stall.

(Die Hirten laufen aus der Schattenleinwand heraus. Der Projektor wird ausgeschaltet. Die Schattenwand wird für die letzte Szene vorbereitet, indem an die Schattenleinwand eine aus Pappe geschnittenen Krippe mit Klebeband fixiert wird. Maria und Josef nehmen neben der Krippe ihren Platz ein.)

3. Szene

Nach einiger Zeit sahen die Hirten ihre Scheune, über welcher der Stern stand. *(Projektor wird angeschaltet)* Mitten im Stall stand die Futterkrippe der Schafe und in der Krippe lag mit warmem Stroh bedeckt ein Baby. Daneben standen Maria und Josef. Ganz wie der Engel im Traum verkündet hatte: In dieser Nacht war etwas Wunderschönes in ihrem Stall geschehen. Jesus, der Retter der Welt, hatte das Licht der Welt erblickt. Die Hirten waren bewegt und vergaßen darüber fast dem Kind ihre Geschenke zu überreichen. *(Die Hirten treten hinter die Schattenleinwand und legen ihre Gaben nieder. Projektor wird ausgeschaltet.)*

Kinder basteln eine Papierkrippe
Material: Papier, leere Streichholzschachteln, Farben, Schere, Klebstoff, Karton, Teppichmesser

Die Figuren: Die Kinder zeichnen Krippenfiguren auf Papier (Maria, Josef, das Kind in der Krippe, Schafe, Hirten, drei Könige, Engel). Diese sollten ungefähr 10 cm groß sein. Sie werden farbig ausgestaltet. Sobald die Figuren ausgemalt sind, erhält jede einen kleinen Steg indem man ein kleines Rechteck unter die Füße malt. Dann werden die Figuren ausgeschnitten. Die Stege werden anschließend umgeklappt und mit Hilfe von Klebstoff auf die Streichholzschachtel aufgeklebt. So erhalten die Figuren eine Standfläche.

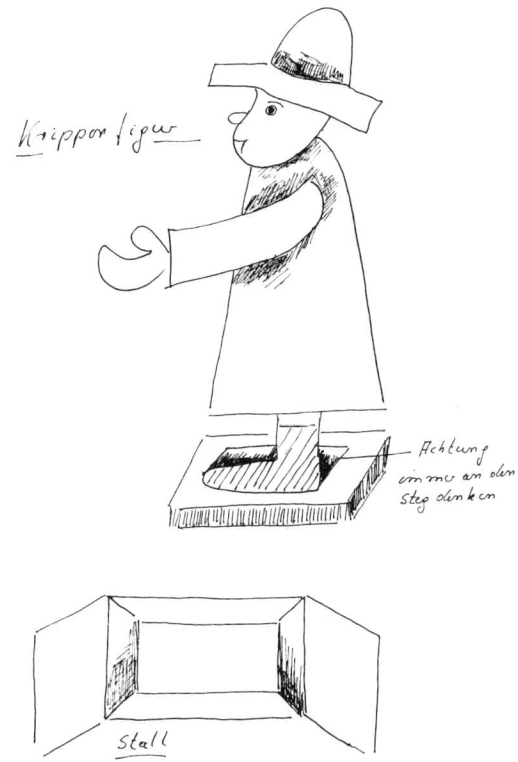

Der Stall: Ein Karton wird gemäß der Zeichnung aufgestellt und von den Kindern im Innenbereich ausgemalt. Die seitlichen Klappflächen können dabei zu aufgeklappten Stalltüren ausgestaltet werden. Wer möchte, kann in den Karton mit einem Teppichmesser Fenster hineinschneiden. Die obere Kartonfläche kann mit Strohhalmen zu einem Strohdach beklebt werden.

Krippenspiel als Tischtheater: Die Papierkrippe kann zu einem Tischtheater genutzt werden, indem man in beide Seitenteile des Kartons von unten 3 bis 5 senkrechte Schlitze mit dem Teppichschneider ritzt. Führt man durch diese Schlitze jeweils einen ungefähr 20 cm langen Blumendraht und befestigt diesen an der Rückseite der Streichholzschachteln, kann der Kartonstall zur Bühne und die Figuren zu ferngesteuerten Theaterfiguren werden. Dabei müssen sich nicht alle Figuren innerhalb des Stalles bewegen.

Befestigt man den Draht nur an den Figuren, können diese auch durch hin- und herschieben bewegt werden.

Kinder basteln eine Krippe als Geschenk

Material: Rinde, Moos oder Heu, eine kleine Holzkugel, Zeitungspapier, Taschentuch, Zwirn, Seil oder Wolle, Klebstoff.

Von einem Spaziergang durch den Wald bringen die Kinder abgefallene Rindenstücke und Moos mit. Jedes Rindenstück dient als kleine Wiege. In diese Wiege wird etwas Stroh oder Moos mit Klebstoff fixiert. Dann wird aus Zeitungspapier ein kleines Cocktailwürstchen geformt. Dieses wird mit einem Tempo umwickelt und mit Hilfe eines Fadens zusammengebunden. Nun erhält dieses Papierbündel eine kleine Holzkugel als Kopf und schon ist das gewickelte Jesuskind fertig. Jetzt muss es nur noch in die Wiege gelegt und dort

fixiert werden. Wer möchte, kann einen kleinen Stern an der Rinde befestigen.

Christstollen – Rezept für drei Stollen

Zutaten: 1000 g Mehl, 100 g Hefe, $\frac{1}{2}$ l Milch, 200 g Zucker, 300 g Butter, 3 Eigelb, 100 g Zitronat, 100 g Orangeat, 380 g Rosinen, 150 g Mandeln, genau so viel Zimt wie man mit fünf Fingern greifen kann, 150 ml Rum, Prise Salz, ca. 400 g Mehl, Butter, Puderzucker

Zuerst werden die Rosinen mit Rum übergossen und erwärmt. Dann werden alle Zutaten in eine große Schüssel gegeben und zu einem Teig vermischt. Aus dem Teig werden drei längliche Kuchen geformt, auf eingefettete Backbleche gelegt und bei 220 Grad in einem vorgeheizten Backofen gebacken. Sobald sie aus dem Ofen kommen, werden sie mit heißer Butter bestrichen und mit Puderzucker bestäubt. Sind die Stollen abgekühlt, werden sie in Zellophan verpackt, so sind sie sehr lange haltbar. Am besten schmecken sie, wenn sie ungefähr vier Wochen gelagert haben.

In der Stille der Nacht

Text und Musik: Jakobine Wierz

1. In der Stil - le der Nacht, da_ war es voll -
bracht, da hat Ma - ri - a das Kind zur_Welt gebracht. Du brach-test Frie - den für Arm und
Reich, du brach-test Frie - den für_ al - le gleich.

2. In der Stille der Nacht,
da ist es geschehn,
da haben Ochs und Esel
die Geburt gesehn.
Du brachtest Frieden …

3. In der Stille der Nacht,
da sangen Engel,
sie künden vom Frieden
in der ganzen Welt.
Du brachtest Frieden …

4. In der Stille der Nacht
vernahmen Hirten
die frohe Botschaft

der Engel auf dem Feld.
Du brachtest Frieden …

5. In der Stille der Nacht,
eilten Hirten zum Stall,
zum Stall nach Betlehem
das Wunder zu sehn.
Du brachtest Frieden …

6. In der Stille der Nacht,
da fand man das Kind,
es lag in einer Krippe
in frischem Stroh.
Du brachtest Frieden …

GEFÜHLE

Max Ernst
(1891 – 1976)

Am 2.4.1891 wurde Max Ernst in Brühl bei Köln geboren. Er studierte Philosophie und Psychologie. Als surrealistischer Maler schuf er fantastische Bilder einer seltsamen Traumwelt. Die surrealistischen Maler verstanden sich als eine revolutionäre Bewegung. Sie versuchten mit ihren Bildern und Skulpturen die Welt zu verändern oder in Frage zu stellen. Dazu bedienten sie sich neuer gestalterischer Wege und Ausdrucksformen, mit welchen sie das betrachtende Publikum schockierten. In diesem Zusammenhang ist auch das Bild „Die Jungfrau Maria züchtigt das Jesuskind vor drei Zeugen" zu sehen. In solche schockierenden Darstellungen flossen Max Ernst Kenntnisse der Psychologie ein, die sich der Bedeutung des Unterbewusstseins, des Traumes, und der Intuition zugewandt hatte.

Max Ernst entwickelte eine Vielfalt von gestalterischen Methoden und Techniken. Er suchte auch nach geeigneten Bildmotiven zur Vermittlung neuer Bildformen und Bildinhalte. Im Gegensatz zu dem hier vorgestellten Bild, bevorzugte er innerhalb seines Gesamtwerkes häufig das spielerische Experiment wie die Frottage (Durchreibetechnik) oder die Decalcomanie (Abklatschverfahren). Max Ernst schuf mit diesem spielerisch gestalterischen Repertoire zahlreiche Bilder. Am 1. April 1976 starb Ernst in Paris und hinterließ ein umfangreiches Werk.

Die Jungfrau Maria züchtigt das Jesuskind vor drei Zeugen
(1926, Wallraff Richartz Museum, Köln)

Das soll tatsächlich eine Krippendarstellung Mariens mit dem Kind sein? Bei dem Bild „Die Jungfrau Maria züchtigt das Jesuskind vor drei Zeugen" handelt es sich um eine ungewöhnliche, für manchen Betrachter sicher provozierend wirkende Darstellung von Maria und dem Jesuskind. In einer nüchternen, surrealistisch gestalteten Umgebung wird Maria mit dem Kind gezeigt. Das Kind liegt jedoch nicht wie bei uns bekannten Darstellungen im Stall in einer Krippe. Maria kniet oder steht auch nicht betend daneben, sondern der

Jesusknabe liegt bäuchlings und nackt auf Marias Schoß und wird handfest bestraft, sogar der Heiligenschein des Jesukindes fällt dabei zu Boden. Maria in leuchtend rotem, ihre Weiblichkeit betonendem Kleid wird zu einer modernen Frau, die sich ihrer Erziehungsaufgabe stellt und dabei auch scheitern kann.

Der kleine Jesus ist sicherlich der bekannteste und gefeierteste Neugeborene der Geschichte und doch wissen wir sehr wenig über seine Kindheit. Die Bibel berichtet nur lückenhaft über den Alltag der heiligen Familie. Kaum ein Evangelist berichtet etwas über die Kindheit Jesu. War er ein braves Kind? War er wild und ungestüm? Gehorchte er aufs Wort? Hatte er Freunde? Ging er in die Schule? War er ein guter Schüler? Lernte er gern oder vergaß er schon mal die Hausaufgaben? usw. Nur Lukas erzählt ausführlich von dem Weihnachtsereignis. Er spart jedoch Konflikte in der heiligen Familie aus. Nur ein einziges Mal erscheint Jesus als unfolgsamer Junge, als er sich wortlos als 12-jähriger Knabe auf den Weg in den Tempel nach Jerusalem macht um dort zu predigen. Deshalb fällt es uns schwer, solche Szenen und Bilder zu akzeptieren. Wir kennen Bilder vom Kind in der Krippe, von Jesu als Helfer in der Not, von Jesus am Kreuz und von Jesus dem Auferstandenen. Aber war Jesus nie ein kleiner unfolgsamer Junge? Ein kleiner liebevoller Bengel, der zu Streichen aufgelegt war, der seine Mutter durch Fragen und durch sein Verhalten auch schon mal nerven konnte? War Jesus immer wohlerzogen? Hat er nie Unfug an-

93

gestellt? Hat er immer aufs Wort gehorcht? Hat Maria immer die Nerven behalten? Ist ihr tatsächlich nie die Hand ausgerutscht? Uns erscheint das Bild skandalös, fast brutal und das ist gut so. Führt es uns doch vor Augen, wie brutal und skandalös die Züchtung aller Kinder ist.

Andererseits kann das Bild mit den Augen von Kindern und Eltern betrachtet auch eine sehr befreiende Wirkung haben. Familien erleben das Jesuskind als fehlerhaften Bengel, sehen Maria als ungeduldige Mutter und sehen, dass das Verhältnis von Mutter und Kind nie perfekt ist, sondern überall Konflikte und Verletzungen seelischer oder körperlicher Art innerhalb einer Familie entstehen. Erziehung und Erziehungsfehler, negative Gefühle und Scham, falsche Erwartungen und Enttäuschungen gehören zum Familienleben, selbst bei der Heiligen Familie.

Gefühle und ihre Bedeutung für Kinder

Die Weihnachtszeit ist eine Zeit voller Gefühle. Die Erwartungen an Liebe und Harmonie werden in der Weihnachtszeit sehr hoch gesteckt. Gerade deshalb gibt es zum Fest der Liebe besonders viele Familienstreitigkeiten auf Grund unerfüllter Erwartungen und bloß liegender Nerven. Kinder leiden unter diesen Streitigkeiten und

müssen erst allmählich lernen, die eigenen Gefühle und die aller anderen um sich herum zu verstehen. Der Umgang mit Eltern- und Geschwisterliebe birgt auch immer Momente von Verwirrung, Enttäuschung, Unsicherheit oder Scham. Was ist Liebe? Wenn man bestraft wird, wird man dann nicht mehr geliebt? Wenn man sich streitet, liebt man dann einander nicht mehr? Wenn Grenzen gesetzt werden, wird man dann nicht mehr geliebt? Schläge sind leider oftmals das letzte Mittel, um Grenzen zu setzen. Sie verletzen jedoch nicht nur äußerlich sondern auch innerlich. Die Gradwanderung zwischen gerechtem und ungerechtem Verhalten der Erwachsenen erleben Kinder dabei als fließend.

Kein Kind ist immer wohlerzogen, brav und heilig, auch nicht Jesus. Kinder sehen Jesus im Bild von Max Ernst Jesus als „normales" Kind. Sie begreifen, dass auch Jesus schmerzhafte Grenzerfahrungen kennen lernte, ohne dabei Marias Zuneigung und mütterliche Liebe zu verlieren. Jesus wird ein wenig „entheiligt", gewinnt an Normalität und wird zu einer begreifbareren Person.

Annäherung an das Bild

Bildpräsentation
Aus dem Bild von Max Ernst und aus einer klassischen Krippendarstellung aus diesem

Buch werden zwei Puzzle geschnitten. Die Kinder setzen sich in einem Stuhlkreis zusammen. Die Puzzleteile der beiden Bilder werden miteinander vermischt und im Kreis herumgereicht. Beim Herumreichen sollen die Kinder schon mal rätseln, welche Darstellungen sich wohl hinter den Puzzleteilen verbergen. Dann werden die Puzzleteile auf dem Boden ausgelegt und zu beiden Darstellungen zusammengefügt.

Fragen zum Bild
1. Wie viele Personen sind auf dem Bild von Max Ernst zu sehen?
2. Worüber unterhalten sich die Figuren im Hintergrund?
3. Vergleicht die beiden Krippenbilder miteinander: Worin unterscheiden sie sich?
4. Bei welcher Handlung werden Maria und das Jesuskind gezeigt?
5. Wo befindet sich der Heiligenschein des Jesuskindes?
6. Seit ihr auch schon einmal bestraft worden?
7. War diese Bestrafung gerecht oder ungerecht?
8. Wann sind eure Eltern wütend?

Was hat das Jesuskind angestellt?
★ Die Kinder sollen sich jeweils eine kleine Geschichte überlegen, die auf folgende Frage eine Antwort findet: Warum glaubt ihr, wird das Jesuskind bestraft?

★ Kinder überlegen sich gemeinschaftlich eine Geschichte zu diesem Thema, indem ein Kind mit zwei bis drei Sätzen die Geschichte beginnt und die anderen Kinder nacheinander zwei bis drei Sätze an die bisher erzählte Geschichte anschließen.

Wütende Instrumente
Material: verschiedene Instrumente, vor allem Schlaginstrumente

Wut, lachen, weinen, schreien, toben, trauern, jauchzen usw. sind Regungen, die Gefühle zum Ausdruck bringen.
★ Wie hören sich die verschiedenen Instrumente an, wenn sie wütend sind?
★ Die Kinder sollen diesen Gefühlen Klänge von Instrumenten zuordnen.
★ Wie klingen frohe Gefühle?

Bestrafungsbild
Kinder malen ein Bild zu einer Situation, in der sie bestraft wurden. Später stellen sie ihr Bild den andern Kindern vor, indem sie darüber erzählen und ihre eigenen Gefühle und die der beteiligten Personen schildern.

Bestrafungslösung
Kinder überlegen gemeinsam, welche „Bestrafungen" es zu unterschiedlichem Fehlverhalten in der eigenen Kindertagesstätte gibt. Sind die gerecht oder ungerecht. Kann man bessere Regeln finden?

Ausreden

Kinder suchen gemeinsam nach Ausreden, die der kleine Jesus für seinen Streich oder seine Ungehorsamkeit vorgebracht hat.

Wenn ich wütend bin

Pantomimisch stellen die Kinder dar, wie sie sich verhalten wenn sie

★ etwas angestellt haben.
★ wütend sind.
★ bestraft werden.

Marias Hände schlagen nicht nur

Die Kinder tragen zusammen, was Marias Hände alles an positiven Dingen tun können (z. B. streicheln zum Einschlafen oder trösten, an die Hand nehmen, wenn man Angst hat, usw.)

Angebote zur Wahrnehmungsförderung

Taktile Wahrnehmung

Um Gefühle differenziert bei sich selbst und bei anderen wahrnehmen zu können, müssen Kinder vielfältige Sinneserfahrungen machen und immer wieder Gelegenheit haben, Gefühle zu versprachlichen. Die folgenden Angebote unterstützen die Ausformung der taktilen Wahrnehmung. Auch sie sollten genutzt werden, um differenziert über die auslösenden Empfindungen zu sprechen. Wie fühlt sich das Material an? Verändert es sich durch Berührung? Ist es angenehm / unangenehm?

Stern aus Pappmache

Material: fester Karton (Paket), Tapetenkleister, einfarbige Papierschnipsel (Packpapier), Weinkorken, Messer, Heißklebepistole

Es handelt sich dabei um einen plastischen Stern. Zur Gestaltung wird Tapetenkleister entsprechend der Verpackungsanweisung angerührt. Aus dem Karton werden mit Hilfe einer Schablone zwei gleiche Sterne ausgeschnitten. Diese werden genau übereinander gelegt. Dazwischen wird ein zuvor zugeschnittenes Stück Korken von ungefähr 1 cm Dicke als Abstandshalter geklebt. Über diesen Doppelstern werden nun die zuvor in Tapetenkleister getränkten Papierschnipsel gelegt. Dabei sollten auf jeden Fall mindestens drei Schichten übereinander gelegt werden. Solange der Stern noch nicht getrocknet ist, lässt er sich noch sehr gut mit Goldglimmer gestalten.

Weihnachtskugeln aus Pappmache

Material: Styroporkugel, Zeitungspapier, Schwamm, Temperafarbe oder Fingerfarbe, Goldfarbe, Tapetenkleister, Goldfolienreste, Pinsel

Tapetenkleister wird entsprechend der Verpackungsbeschreibung angerührt. Zeitungspapier wird in Papierschnipsel zerrissen, in den Kleister eingetaucht und um die Kugel geklebt. Dann muss die Kugel über Nacht trocknen. Am folgenden Tag kann sie mit Temperafarbe bunt angemalt werden. Ist die Farbe getrocknet, wird Goldfarbe auf ein Stückchen Schwamm aufgetragen und die Kugel damit betupft. So erhält sie einen kostbaren Schimmer. Wer möchte, kann die Kugeln auch mit Goldpapierresten bekleben.

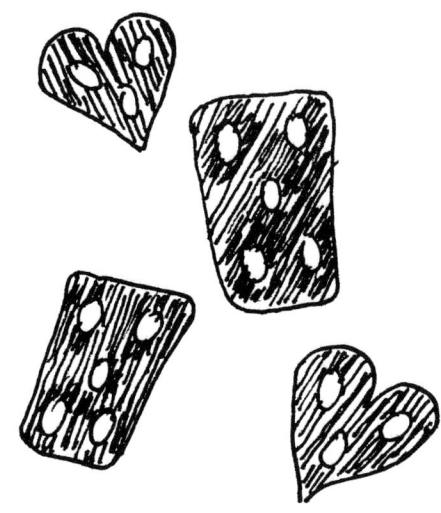

Tipps:
★ Es reicht aus, die Kugel nur zu bekleben, wenn man dazu Papierschnipsel aus buntem weihnachtlichem Geschenkpapier benutzt.
★ Edel sehen die Kugeln aus, wenn man sie mit Packpapier beklebt und anschließend nur mit dem mit Goldfarbe getränkten Schwämmchen betupft.

Lebkuchen aus Ton

Material: schwarzer und weißer Ton, Backförmchen, Teigroller, Geschirrtuch, Messer, Pinsel, Wasser

Der schwarze Ton wird gut durchgeknetet und anschließend mit dem Rollholz zu einer 1 cm dicken Platte auf dem Geschirrtuch ausgerollt. Danach werden mit Hilfe der Backförmchen Figuren (Herz, Sterne usw.) ausgestochen, oder es werden mit Hilfe des Messers kleine rechteckige 10 × 8 cm große Platten ausgeschnitten. Aus weißem Ton werden kleine ovale Kugeln geformt, welche als Mandeln auf den Ton aufgesetzt werden. Dazu wird die entsprechende Stelle angeraut und angefeuchtet. Anschließend müssen die „Lebkuchen" trocknen und können, sobald der Ton getrocknet ist, gebrannt werden.

Gipsanhänger aus der Spritztülle
Material: Moltofill Spachtelmasse, Spritztülle mit Sterneinsatz, Unterlage aus Plastik, Naturbast

Moltofill wird mit etwas Wasser angerührt und anschließend in die Spritztülle gefüllt. Mit der Masse lassen sich nun Motive auf eine Plastikunterlage spritzen. Zuvor sollte jedoch eine kleine Spritzprobe gemacht werden, um zu überprüfen, ob sich die Sternform klar ausprägt. Sobald die Formen trocken sind, lassen sie sich mit etwas Naturbast als Baumschmuck oder Paketanhänger aufhängen.

Riechen und Schmecken

Apfelringgirlande
Material: Äpfel, Messer, Apfelentkerner, Holzbrett, Stopfnadel, starker Zwirn

Die Äpfel werden im Ganzen geschält und das Kerngehäuse ausgestochen. Dann werden die vom Kerngehäuse befreiten Äpfel in dünne Scheiben geschnitten, aufgefädelt und für mehrere Tage zum Trocknen aufgehängt. Danach darf man sich das Trockenobst schmecken lassen. Mit dieser Apfelgirlande lässt sich aber auch der Weihnachtsbaum schmücken. Der Duft erfüllt das ganze weihnachtlich geschmückte Zimmer.

Duftlichter
Material: alte Kerzenstummel, Gewürze, Nelken, Kümmel, selbstgemachte Tontöpfe oder fertige Tongefäße, Dose, Topf, Hölzchen

Die alten Kerzenstummel werden nach Farben sortiert und je in einer Dose in einem Wasserbad erhitzt. Mit einem Hölzchen werden die Dochte aus dem geschmolzenen Wachs herausgefischt. Neue Dochte werden an einem Hölzchen befestigt. Dieses Hölzchen wird über den Tontopf gelegt, sodass der Docht in das Gefäß hineinhängt. Dann wir das Wachs Schicht für Schicht in das Tongefäß eingefüllt. Sobald eine Schicht starr wird, lassen sich die Gewürze einstreuen oder eindrücken. Dann wir eine neue Wachsschicht darüber gegossen. Das wird so lange wiederholt, bis das Gefäß mit Gewürzen und Wachs gefüllt ist.

Tipp: Auch kleine Blumentöpfe lassen sich gut verwenden. Dazu eine Tafelkerze im Loch des Blumentopfes mit etwas Wachs fixieren und während des Einfüllens der Ersten beiden Schichten heißen Wachses die Tafelkerze noch etwas fest halten, bis sie eigenen Stand hat.

Tante Rosas Lebkuchen

Zutaten: 350 g Mehl, 1 Päckchen Backpulver, 200 g Zucker, 2 Päckchen Vanillezucker, 150 g flüssige Butter, 4 Eier, $1/2$ l Milch, 100 g gemahlene Haselnüsse, 2 Tl Nelken, 3 Tl Lebkuchengewürz (statt des Lebkuchengewürzes können auch verschiedene Gewürze wie Anis, Kardamom, Zimt, Muskat oder Fenchel verwendet werden), 2 El Honig, 75 g Zitronat, 75 g Orangeat, Schokoladenglasur

Aus den Zutaten wird ein Rührteig hergestellt. Der Teig wird auf einem eingefetteten Backblech verstrichen . Bei 150 Grad wird der Teig in einem vorgeheizten Backofen 30 Minuten abgebacken. Anschließend wird der fertige Lebkuchen mit Schokoladenglasur bestrichen und mit Mandeln dekoriert. Nun kann der Lebkuchen in Stücke geschnitten und verzehrt werden.

Lebkuchen wurden vor vielen hundert Jahren in Klöstern an Weihnachten an Arme verteilt. Das Wort „leb" hat seinen Ursprung im Althochdeutschen und bedeutet Heil. Es bezieht sich auf die damals zum Backen verwendeten Heilkräuter. Auch Jesus brachte den Menschen Heil. Deshalb ist es zur Tradition geworden, zu Weihnachten Lebkuchen zu backen.

Geschnitzte Orangenkugeln

Material: Orangen oder Zitronen, Schnitzmesser, Filzstift

Auf die Orange werden mit Filzstift Motive gemalt (Wellenlinien, Dreiecke, Blumen, Herzen, Sternchen usw.) und mit Hilfe der Schnitzmesserchen aus der Schale herausgeschnitzt.

Mandarinensterne-Duftpotpourri

Material: Schale von Mandarinen, Duftöl Orange, ganz kleine Ausstechförmchen

Die Kinder stechen mit Ausstechförmchen viele kleine Sternchen aus den Mandarinenschalen aus. Anschließend werden sie getrocknet und mit etwas Orangenduftöl beträufelt. Mischt man die Sternchen unter getrocknete Tannennadeln und/oder Hagebutten, hat man ein sehr dekoratives, weihnachtliches Duftpotpourri. Wer mag, kann zusätzlich ein weihnachtlich duftendes ätherisches Öl dazugeben.

Räucherkegel

Material: biegsame Pappe, Suppenteller, Bleistift, Schere, Klebstoff, Temperafarbe, Pinsel, Becher, Räucherkerze, Feuerzeug, Teller

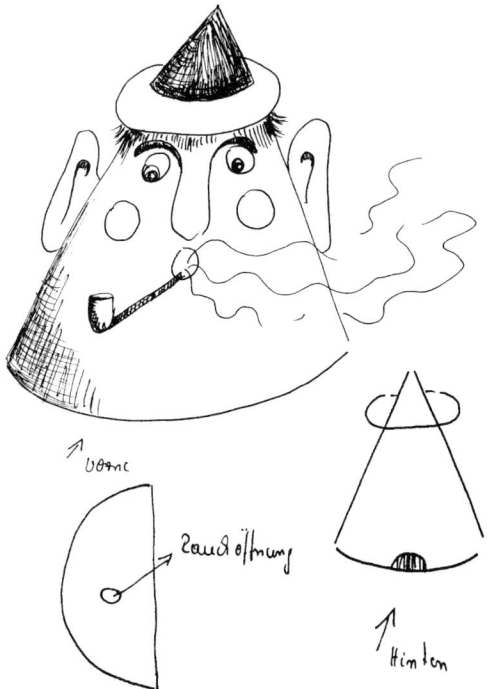

oben

Rauchöffnung

Hinten

Der Suppenteller wird umgekehrt auf den Karton gelegt und mit einem Bleistift umfahren. Der Kreis wird ausgeschnitten und halbiert. Zur Gestaltung des Räucherkegels wird nur eine Kreishälfte benötigt. In diese wird nun in der Mitte eine kleine Rauchöffnung ($^1/_2$ cm groß) herausgeschnitten. Dann wird der Halbkreis mit Temprafarbe bunt ausgestaltet. Jedes Kind hat dabei so viel Gestaltungsspielraum wie möglich. Ist die Farbe getrocknet, wird der Halbkreis zu einem Kegel gebogen und mit Klebstoff entsprechend fixiert. Damit der Rauch der Räucherkerze gut abziehen kann, muss auf der Rückseite eine kleine Öffnung in die Aufstellkante ($^1/_2$ cm groß) eingeschnitten werden. Nun kann der Räucherkegel benutzt werden. Dazu die Räucherkerze auf einen Teller stellen, anzünden und mit dem Räucherkegel überdecken. Sogleich wird duftender Rauch den Öffnungen entströmen.

Tipp: Besonders lustig wirkt der Kegel, wenn man ihm ein Gesicht gemalt hat und sich gerade dort der Mund befindet, wo die Rauchöffnung eingeschnitten ist.

Weihnachtstraumkissen

Material: eine Leinentasche pro Kind, Kissenfüllung pro Kind, Stoffmalfarben, Weihnachtsdüfte in Form von Gewürzen oder Potpourri-Mischungen, Nadel und Faden

Zu Weihnachten bleibt entgegen aller Erwartungen oft nicht genug Zeit für Entspannung und Ruhe. Das selbstgemachte Weihnachtstraumkissen lädt zum bewussten Entspannen und zum Zuhören beim Geschichtenerzählen ein.

Die Kinder bemalen die Taschen zunächst ganz individuell mit weihnachtlichen Motiven. Achtung: Zwischen die beiden Stoffhälften eine Plastiktüte legen, damit beim Malen nichts durchdrückt. Sind die Farben getrocknet, wird die Tasche mit dem Kissenfüllmaterial und den weihnachtlichen Düften ausgestopft und zugenäht. Nun hat jedes Kind sein tragbares Weihnachtstraumkissen.

Akustische Wahrnehmung

Weihnachtliche Kastagnetten
Material: Walnussschalen, Geschenkband, zwei Bierdeckel, Klebstoff

Walnussschalen wie auch Geschenkbänder fallen zur Weihnachtszeit immer an. Daraus lassen sich weihnachtliche Nussschalenkastagnetten herstellen. Dazu klebt man die Nussschalen nebeneinander auf den Bierdeckel und verbindet beide Bierdeckel mit einem ungefähr 8 cm langen Geschenkband, so dass die beklebten Nussschalenseiten aufeinander liegen. Nimmt man nun die Kastagnetten so in die Hand, dass eine Seite auf dem Daumen aufliegt, lassen sich damit rhythmisch Weihnachtslieder begleiten.

Walnuss-Ping-Pong
Material: Geschenkband 80 cm, zwei ganze Walnüsse

An einem Ende des Geschenkbandes wird jeweils eine Walnuss mit Klebstoff befestigt. Nun besteht die Aufgabe darin, durch Hin- und Herschwingen die Walnüsse aufeinander treffen zu lassen.

Geklopfte Weihnachtsmelodien
Material: ein Stein für jedes Kind

Die Kinder oder die Erzieherinnen klopfen mit Hilfe eines Steines ein Lied. Die Kinder raten, um welches Weihnachtslied es sich handelt und stimmen singend und klopfend in das Lied ein.

Weihnachtsposaune
Material: ein 1 m langes Stück Gartenschlauch, Trichter, Klebeband

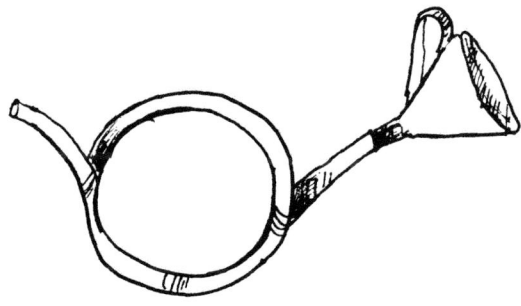

Ein Stück Gartenschlauch wird entsprechend der Zeichnung zu einem Horn geformt und mit Klebestreifen fixiert. An einem Ende wird der Trichter mit Klebeband fixiert. Wenn man in die Posaune hineinbläst oder singt verändert sich die Stimme. Die Kinder können ausprobieren, wie es klingt, ein Weihnachtslied durch die Posaune zu singen.

GESCHENKE UND GESCHENKEBRINGER

Christian Rohlfs
(1849 – 1938)

Am 22. Dezember 1849 wird Christian Rohlfs in Niendorf geboren. Ein Sturz von einem Baum zwingt ihn im Alter von 15 Jahren zu einem zweijährigen Krankenlager. Sein behandelnder Arzt besorgt ihm Malutensilien. Während seiner Krankheit wird die Malerei sein Hobby. Rohlfs findet so große Freude am Malen, dass er verschiedene Ausbildungen absolviert. Sein Beinleiden verschlimmert sich. Mit 24 Jahren wird ihm sein rechtes Bein amputiert. Aber Rohlfs lässt sich durch diese schwere Operation die Lust am Malen nicht nehmen und bildet sich immer wieder aufs Neue fort. So erhält er auch Kontakte und Freundschaft zu Künstlern wie Karl Arp, Edvard Munch und Emil Nolde. Zahlreiche Ausstellungen zwingen Christian Rohlfs zu vielen Reisen. 1914 macht der Schock des Kriegsausbruchs Rohlfs für mehrere Monate arbeitsunfähig. Er lernt in den folgenden Jahren Helene Vogt kennen, die er im Jahre 1919 heiratet. Immer wieder folgen neue Ausstellungen und Ehrungen. 75-jährig wird Rohlfs zum Ehrenbürger der Stadt Hagen und zum Mitglied der preußi-

schen Akademie. 1925 wird ihm der Doktortitel der Universität Kiel verliehen und er wird zum außerordentlichen Mitglied der Staatlichen Kunstakademie Düsseldorf. Ab 1927 zieht es Rohlfs jedes Jahr nach Ascona an den Lago Maggiore. Durch die Hitlerregierung gelten Rolfs Bilder ab 1937 als entartet. Christian Rohlfs stirbt am 8.1.1938.

Die Heiligen Drei Könige
(um 1920)

Dieses Bild malte Rohlfs in den 20er Jahren. In dieser Zeit widmet er sich vielfach religiösen Themen. Mehrfach malt er dabei das Bild der Heiligen Drei Könige. Es handelt sich hier um eine besondere Darstellung. Nur selten werden in der Kunst die Dreikönige zu den Hauptdarstellern eines Bildes. Meist sind sie nur Teil einer Krippendarstellung. Doch in diesem Bild werden die drei Könige zum unmittelbaren Gegenstand der Betrachtung. Sie nehmen die gesamte Bildfläche ein und werden durch den hell leuchtenden Stern spotartig zum Mittelpunkt. Das Licht des Sternes

hebt die Magier aus der Dunkelheit hervor und lässt ihre Gewänder in strahlenden leuchtend warmen Farben erscheinen. Das Licht des Sternes spiegelt sich im Gold der Krone und reflektiert im Brokatgewand. Kasper, Melchior und Balthasar sind deutlich zu erkennen. Dennoch handelt es sich um eine sehr abstrakte Darstellung der drei Könige. Expressiv ist sowohl die Farbgestaltung als auch die Strichführung. Das Bild erscheint uns wie gebatikt oder wie eine Wachszeichnung, welche mit Deckmalfarbe anschließend übermalt wurde.

Auf Grund der groben Darstellung hat sich Rohlfs weniger den Details wie zum Beispiel den Geschenken Gold, Weihrauch und Myrre hingegeben. Nur undeutlich sind die Geschenke zu erkennen, die sie mit sich tragen. Rohlfs Anliegen war es vielmehr, den drei Königen unmittelbare Bedeutung zu geben, indem er sie isoliert von der Krippe zueinander in Beziehung setzt.

Die Bedeutung von Geschenken und Geschenkebringern

Die Advents- und die Weihnachtszeit ist voller Spannung, Geheimnisse, Geschenke und Überraschungen. Diese Zeit beginnt mit dem heiligen Martin, gefolgt vom heiligen Nikolaus. Es schließen sich das Christkind und die Heiligen Drei Könige an. Warum sind diese Gedenktage eng mit dem Brauchtum des Beschenkens verbunden? Worin liegt der Sinn des Beschenktwerdens und des Verschenkens?

In unserer konsumorientierten Gesellschaft überwiegt der Eindruck, dass man den wahren Sinn des Beschenkens aus den Augen verloren hat. Viele verurteilen den Geschenkerummel, machen ihn aber gleichzeitig mit.

„Ich muss noch für … ein Geschenk besorgen". „Wir müssen mit den Kindern für die Eltern noch ein Geschenk basteln". Schon allein dieses „Muss" macht das zwanghafte Handeln des Schenkens deutlich. Beschenken wird hier zur Verpflichtung. Wer Schenken so versteht, der sollte lieber nichts verschenken. Schenken sollte man froh und frei aus sich heraus. Denn das Beschenken ist ein Zeichen von gegenseitiger Wertschätzung, Anerkennung und Bindung zueinander. Sowohl der heilige Martin als auch der heilige Nikolaus haben geschenkt, weil es ihnen Freude bereitete, andere zu erfreuen. Sie traten Armen und Hungernden wertschätzend entgegen und sahen anschließend in strahlende glückliche, dankbare Augen. Dabei bedeutete Schenken eben nicht Gütertransfer, sondern sich für andere Zeit nehmen, sich einander zuzuwenden und sich aufeinander

einzulassen. Und dies nicht nur zur Weihnachtszeit. Diesen Vorbildern des Schenkens wollen wir folgen, wenn wir ihren Namenstag begehen.

Das Gleiche gilt für das Christfest. Gott hat uns seinen Sohn geschenkt. Geschenke zu Weihnachten sollen der Freude über die Geburt Jesu Ausdruck verleihen. Die Freude, dass Gott Mensch geworden ist, wollen wir am Christfest auf diese Art und Weise miteinander teilen. Auch die Heiligen Drei Könige brachten dem Kind in der Krippe Geschenke mit. Dabei handelte es sich keineswegs um Geschenke, die einem kleinen Kind direkt hätten dienlich sein können. Es waren ideelle Geschenke, die die Wertschätzung der Schenkenden gegenüber dem Jesuskind zum Ausdruck brachte: Gold als Zeichen für einen König, Myrrebalsam als Symbol des Leidens und Sterbens und Weihrauch als Zeichen für Gebet und Opfer. Solche symbolträchtigen Geschenke scheinen in unserer Gesellschaft immer mehr an Bedeutung zu verlieren. Es wird Zeit, ihnen wieder mehr Wert beizumessen. Dann bedarf es keiner kostspieligen Geschenke mehr. Wertvoll wird dann, sich selber einzubringen in ein Geschenk. Darin liegt der Wert des Beschenkens. Darin liegt auch die Bedeutung der aus Kinderhand gestalteten Geschenke. Denn wo kann ein Kind sich selbst mehr mit Kopf, Herz und Hand einbringen, als bei eigenem gestalterischen Tun? Dabei kann es sich um selbst gestaltetes Geschenkpapier ebenso handeln wie um handgemalte Weihnachtskarten, Paketanhänger, gelernte und vorgetragene Lieder oder liebevoll gebastelte kleine Überraschungen. Um mit Joachim Ringelnatz zu sprechen:

Schenken
Schenke groß oder klein,
aber immer gediegen!
Wenn die Bedachten die Gaben wiegen,
sei dein Gewissen rein.

Schenke herzlich und frei!
Schenke dabei,
was in dir wohnt
an Meinung, Geschmack und Humor,
so dass die eigene Freude zuvor
dich reichlich belohnt.

Schenke mit Geist ohne List!
Sei eingedenk,
dass dein Geschenk
du selber bist!
Joachim Ringelnatz

Annäherung an das Bild

Bildpräsentation
Das Bild wird in einem separaten Raum auf einer kleinen Staffelei präsentiert. Neben dem Bild liegt ein Weihrauchgefäß dem Weihrauch entströmt. (Als Ersatz für das Weihrauchgefäß kann auch eine Duft-

öllampe dienen.) Daneben liegt ein in Goldpapier eingepacktes Geschenk und ein Hautpflegebalsam. In einer noch geschlossenen Truhe befinden sich Decken, Tücher, Stoffe, Kleidungsstücke, Kronen usw., die es den Kindern später ermöglichen sollen, sich als die drei Könige zu verkleiden. Die Kinder betreten den Raum, der mit Teppichen ausgelegt ist. Sie setzen sich auf den Boden vor das Bild, im Hintergrund läuft orientalische Musik. Dann werden mit den Kindern gemeinsam die ersten drei Fragen erarbeitet.

Fragen zum Bild
1. Wer wird auf diesem Bild dargestellt?
2. Woran erkennt ihr, dass es sich um Könige handelt?
3. Kennt ihr die Geschichte von den Heiligen Drei Königen?

Daran anschließend wird die Geschichte der Heiligen Drei Könige vorgelesen (Matthäus 2,1–12). Es folgen weitere Fragen:
4. Aus welchem Land sind die Magier angereist?
5. Wie weit sind die Magier angereist?
6. Welche Verkehrsmittel haben sie benutzt?
7. Wo haben sie auf ihrer langen Wanderung übernachtet?

Die Kinder werden nun auf die Gegenstände, welche um das Bild stehen, aufmerksam gemacht.

8. Welche Geschenke glaubt ihr, halten die drei Könige in den Händen?
9. Dann ordnen die Kinder die Utensilien den Geschenken der Könige zu.

Die Kinder erhalten Gelegenheit, sich als Könige zu verkleiden.

Die Geschenke der drei Könige

Die Könige haben dem Kind etwas kostbares (Gold), etwas wohlriechendes (Weihrauch) und eine heilende und pflegende Emulsion (Myrre) mitgebracht.
Die Kinder machen sich auf die Suche nach drei Geschenken für das Jesuskind: nach etwas Kostbarem, etwas Wohlriechendem und einem Geschenk, dass sie dem Kind gerne geben würden.

Dreikönigsgeschenke

Kinder bringen am Dreikönigstag Spielsachen oder anderes mit, von denen sie sich trennen können um dem Jesuskind eine Freude zu machen. Die von den Kindern mitgebrachten Spielwaren werden anschließend an bedürftige Kinder gegeben.

Sternsinger

Es ist ein 400 Jahre alter Brauch, dass zum 6. Januar Kinder in die Rolle der Heiligen Drei Könige schlüpfen und den Zug zur Krippe nachspielen.
Dabei verkleiden die Kinder sich mit entsprechenden königlichen Gewändern aus Stoffbahnen. Dann ziehen sie von Haus zu Haus, um für Kinder in der Dritten Welt Geld zu sammeln. Auf ihrem Weg tragen sie einen an einem Stab befindlichen Stern mit sich. Er verkörpert den Stern, dem die Waisen nach Betlehem folgten. Sie klingeln an den Häusern, sagen Sprüche auf und schreiben die Jahreszahl und C + M + B an die Türen. Die Buchstaben stehen für *Christus Mansionem Benedictat*, was übersetzt bedeutet: Christus möge dieses Haus segnen.

Dreikönigssprüche

Da kommen die drei König mit ihrem Stern.
Sie krachen die Nüsse und essen den Kern.
Sie werfen die Schalen zum Fenster naus,
Da kommen die Hühnlein und picken sie auf.

Kaspar, Melchior, Balthasar
behütet uns auch dieses Jahr
Vor Feuer- und Wasserg'fahr.
Erfüll mit deinen Gaben,
Herr Jesus dieses Haus!
Tod, Krankheit, Seelenschaden,
Brand, Unglück treib hinaus.

Lass hier den Frieden grünen,
verbanne Zank und Streit,
dass wir dir glücklich dienen
jetzt und in Ewigkeit.

Die Heiligen Drei Könige

Die heiligen drei Könige aus Morgenland,
sie frugen in jedem Städtchen:
Wo geht der Weg nach Betlehem,
ihr lieben Buben und Mädchen?

Die Jungen und Alten, sie wussten es nicht,
die Könige zogen weiter;
sie folgten einem goldenen Stern,
der leuchtete lieblich und heiter.

Der Stern blieb stehn über Josefs Haus,
da sind sie hineingegangen;
das Öchslein brüllte, das Kindlein schrie,
die heiligen drei Könige sangen.

Heinrich Heine

Wir kommen daher aus dem Morgenland

Text und Musik: überliefert

1. Wir kom - men da - her aus dem Mor - gen - land, wir
kom - men, ge - führt von Got - tes Hand. Wir
wün - schen euch ein fröh - li - ches Jahr:
Kas - par, Mel - chior und Bal - tha - sar.

2. Es führt uns der Stern zu der Krippe hin,
wir grüßen dich Jesus mit
frommem Sinn.
Wir bringen dir unsere Gaben dar:
Weihrauch, Myrre und Gold fürwahr!

3. Wir bitten dich: Segne nun dieses Haus
Und alle, die gehen da
ein und aus!
Verleih ihnen zu dieser Zeit
Frohsinn, Frieden und Einigkeit!

107

Informationen zu den Heiligen Drei Königen

Die Könige waren Sterndeuter, gelehrte Männer, welche den Lauf der Sterne beobachteten. Sie hatten großen Einfluss auf ihre Herrscher, denn der Stand der Sterne gab den Mächtigen Auskunft über die Zukunft. Da jedoch nur Könige königliche Geschenke überreichen konnten, benannte man die Sterndeuter in Könige um. Ihre Namen waren Kaspar, Melchior und Balthasar. Kaspar wird häufig als junger Mann dargestellt; er bringt den Weihrauch zur Krippe. Meist hat er eine schwarze Hautfarbe und verkörpert so den schwarzen Erdteil. Melchior ist ein Mann in den besten Jahren. Er bringt das Gold zur Krippe. Balthasar wird meist als älterer Mann dargestellt, er brachte die Myrre als Geschenk mit. Mit Gold huldigen die Könige dem König, mit Weihrauch dem Gott und mit Myrre dem Menschen Jesus.

Woher kamen die Heiligen Drei Könige? Gemäß dem Markusevangelium kamen sie aus dem Morgenland. Man vermutet, dass das Morgenland sich in der Nähe des persischen Golfs befunden haben muss. In einer wiederentdeckten und entschlüsselten Keilschrift heißt es: „… dann wird ein großer König im Westland aufstehen, dann wird Gerechtigkeit, Friede und Freude in allen Ländern herrschen und alle Völker beglücken". Unter Westland verstand man zur Zeit der Keilinschrift Palästina.

Wieso folgten die Waisen dem Stern? Die Sterndeuter folgten ihm auf Grund der besonderen Konstellation der Sterne, wobei Jupiter (Stern des Weltherrschers), Saturn und das Sternbild der Fische (Symbol der Endzeit) eine besondere Rolle spielen. Begegnet Jupiter dem Saturn im Zeichen der Fische, bedeutete dies für die Sternedeuter damaliger Zeit, dass in Palästina der Endzeitherrscher geboren wird. Deshalb machten sich die Könige auf den Weg zur Krippe, um dem König zu huldigen. Die Gebeine der Heiligen Drei Könige werden heute in einem goldenen Schrein in Köln verehrt.

Geschenkideen zur Weihnachtszeit

Duftende Geschenkideen

Orangenpomander
Material: Orangen, Stricknadel, ganze Gewürznelken

Orangenpomander haben zu Weihnachten in England eine lange Tradition. Mit der Stricknadel werden in einem beliebigen Muster Löcher in die Orange gestochen. Anschließend wird in jedes gestochene Loch eine Gewürznelke eingesteckt.
Wälzt man die so gestaltete Orange in einer Mischung aus Zimt und Iriswurzel

oder Veilchenwurzelpulver und verpackt sie für drei bis vier Wochen in Wachspapier, verströmt sie nach dieser Zeit einen betörenden Duft.

Mandarinenringe
Material: 20 cm Draht, 2 mm breit, Schalen von ca. 2–3 Mandarinen, Zange, Dekoband

Die Schalen der Mandarinen werden in viele kleine Stücke zerrissen und anschließend mit dem Draht dich an dicht aufgefädelt. Dabei sollte darauf geachtet werden, dass die Farbe der Mandarinenschalen immer in die gleiche Richtung zeigt. Ist der Draht ganz mit Mandarinenschalen gefüllt, werden mit Hilfe der Zange zwei Ösen gebogen, welche ineinander gehängt werden. Nun benötigt man nur noch ein schönes Dekorationsband, um den Mandarinenkranz mit einer kleinen Schleife zu dekorieren und ihn dann an einem Tannenzweig aufzuhängen. Der Mandarinenschalenring kann zusätzlich mit etwas Orangenöl beträufelt werden.

Duftende Potpourrikerze
Material: Kerze mit langem Docht, ein Topf, Wasser, Zeitungspapier, Duftpotpourri, Zange

Das Duftpotpourri auf der ausgelegten Zeitung verteilen. Die Kerze mit der Zange am Docht festhalten und für einige Zeit in das heiße Wasser tauchen. Dadurch löst sich das Wachs leicht auf und wird weich. Dann die Kerze im Potpourri wälzen. Schon ist die Duftkerze fertig.

Goldene Geschenkideen

Goldene Paketanhänger
Material: Vakuumverpackung von Kaffee oder Goldfolie, Mousepad; Kugelschreiber oder Stopfnadel, Schere, Karton, Kleber, Locher, Naturbast
Aus Karton werden 10 × 8 cm große Kartonkarten geschnitten und mit dem Locher perforiert. Aus der Vakuumverpackung werden weihnachtliche Motive geschnitten z. B. Stern, Weihnachtsbaum, Herz usw., welche die Größe von 10 × 8 cm nicht überschreiten. Dann beginnt das Einprägen der Linienmuster. Dazu werden die ausgeschnittenen Motive mit der Goldseite auf das Mousepad gelegt. Dann werden mit dem Kugelschreiber Muster in die Folie eingedrückt. Dabei den Kugelschreiber nicht zu fest eindrücken, da sonst Löcher entstehen. Die eingeprägten Motive erscheinen auf der anderen goldenen Seite als erhabene Linien. Die Motive werden so auf die bereits vorbereiteten Kartonkärtchen geklebt, dass die erhabenen Linien zu sehen sind. Jetzt nur noch den Naturbast durch das Kartonloch ziehen und das Kärtchen an ein Geschenk binden.
Tipp: Auf diese Weise können auch wunderschöne Karten entstehen. Dazu den Karton auf Postkartengröße zuschneiden.

109

Goldglitzerkerzen

Material: Ausstechförmchen, Glasperlen oder Glimmer, Teelichter, Schwammtuch, Dose, Topf, Blech

Aus den Teelichtern den Docht entfernen und die Kerzen in der Dose sammeln. Die Dose in ein Wasserbad stellen und das Wachs zum Schmelzen bringen. Währenddessen das Schwammtuch kalt anfeuchten und auf ein Blech legen. Die Ausstechförmchen werden auf das Schwammtuch gelegt. In die Mitte des Ausstechförmchens wird der Docht gestellt. Sobald das Wachs geschmolzen ist, wird es langsam in die Förmchen gegossen. Dabei immer nur etwas Wachs in jedes Förmchen gießen und abwarten bis Schicht für Schicht gehärtet ist um eine neue Schicht einzufüllen. In die letzte noch flüssige Schicht können dann Glasperlen und Goldglitzer eingestreut werden.

Tütenlicht

Material: goldene Metallfolie, Kugelschreiber oder Stopfnadel, Schere, Mousepad, Klebstoff

Die Goldfolie wird entsprechend der beigefügten Zeichnung zugeschnitten. Dann wird die zugeschnittene Goldfolie auf das Mousepad gelegt und mit Hilfe der Stopfnadel und dem Kugelschreiber geprägt. Anschließend wird die zugeschnittene und gestanzte Goldfolie zu einer Tüte zusammengeklebt. Füllt man die Tüte mit etwas Sand und platziert darin ein Teelicht, so erstrahlt das Dreikönigslicht.

Pflegende Geschenkideen

Massageöl

Zutaten: Jojobaöl, wohlriechendes ätherisches Öl (z. B. Bergamotte, Lavendel oder Zitrone)

Auf 100 ml Jojobaöl gibt man 20–30 Tropfen des ätherischen Öls und vermischt beides gut miteinander. In eine schöne Flasche gefüllt und mit Geschenkband versehen, ist das Massageöl ein liebevolles und wohltuendes Geschenk.

Kinder-Honigbad

Zutaten: Honig, ätherische Öle (Mandarinen- oder Honigöl)

3–4 Esslöffel Honig werden mit 10–15 Tropfen ätherischen Öls vermischt, in eine Flasche abgefüllt und mit Geschenkband und Etikett versehen.

LITERATUR- UND QUELLENVERZEICHNIS

Aufgeführt werden Bücher und Schriften, die zitiert wurden oder als Ideen und Materialien in das Manuskript eingingen. Von einem genauen Beleg wurde abgesehen, da es sich nicht um ein wissenschaftliches Werk handelt. So soll die angegebene Literatur interessierte Leser und Leserinnen die Möglichkeit geben, sich mit ausgewählten Themen dieses Buches näher zu befassen.

Bücher

Adams, C.: Mit Kindern kreativ um den Erdball, Mühlheim 2000.

Bayrische Staatsgemäldesammlungen (Hg.): Albrecht Dürer, München 1998.

Berner, S.: Himmlisches Geflatter, Hamburg 1997.

Deutscher Bücherbund (Hg.): Die goldene Palette, o.O., o.J.

Fischer, F.: Advent und Weihnachten feiern mit Kinder, Düsseldorf 1996.

Ders.: St. Martin feiern, Düsseldorf 1997.

Fischer-Rizzi, S.: Dufterlebnisse, Isny 1987.

Funcke, F.: Weihnachten in anderen Ländern, Berlin 1999.

Herder-Lexikon: Symbole, Freiburg 1978.

Hoberg, A.: Maria Marc, München 1995.

Kindersley, A. u. H.: Das große Fest, München 2000.

Kunstverein Wolfsburg (Hg.): Emil Nolde, Seebüll 1991.

Melchers, E. u. H.: Das große Buch der Heiligen, München 1991.

Menke, F.: Von Schutzengeln den Kindern erzählen, Kevelaer 1997.

Museum am Ostwall (Hg.): Christian Rohlfs, Dortmund 1987.

Museumsdienst Köln (Hg.): Stefan Lochner und seine Zeit (Lehrerheft), Köln 1994.

Ders.: Stefan Lochner und seine Zeit (Arbeitsheft für Schüler), Köln 1994.

Nitsch, C.: Mandelkern und Weihnachtsstern, München 1997.

Rathke, C.: Emil Nolde, Schleswig 1991.

Scheilke, C. u.a.: Kinder brauchen Hoffnung, Gütersloh 1999.

Sturgis, A.: Rembrandt, Würzburg 1995.

Zeitschriften

Adventskalender des Bistums Essen für die Jahre 1986, 1987, 1990, 1995, 1999, 2000.

Bibel heute: Maria, Heft 3/2000.

Das große Sammelwerk Maler (Nr. 29): Botticelli, Hamburg 1984.

Das große Sammelwerk Maler (Nr. 46): Rembrandt, Hamburg 1984.

Kindergarten heute: Alle Jahre wieder, Heft 11–12/1998.

Unsere Kinder: Vom Dunkel zum Licht, 06/2000.

Bildnachweis

Paul Gauguin, Die Geburt Christi (TE TA-MARI NO ATUA). 1896, Lwd., 96 × 129 cm, Bayerische Staatsgemälde-Sammlungen München, Neue Pinakothek
Foto: Blauel/Gnamm – Artothek

Stephan Lochner, Die Muttergottes in der Rosenlaube, Öl/Holz, 50,5 × 40 cm, Köln, Wallraf-Richartz-Museum
Foto: Joachim Blauel – Artothek

Rembrandt van Rijn, Anbetung der Hirten, 1646, Lwd., oben abgerundet, 97 × 71,3 cm, Bayerische Staatsgemälde-Sammlungen München, Alte Pinakothek
Foto: Blauel/Gnamm – Artothek

Sandro Botticelli, Geburt Christi. London, National Gallery
Foto: Bridgeman – Artothek

Emil Nolde, „Heilige Nacht", Stiftung Seebüll Ada und Emil Nolde, Neukirchen über Niebüll

Albrecht Dürer, Paumgartner-Altar, 1504, Die Geburt Christi, Lindenholz, 157 × 248 cm, Bayerische Staatsgemälde-Sammlungen München, Alte Pinakothek
Foto: Joachim Blauel – Artothek

Max Ernst, Die Jungfrau Maria schlägt das Jesuskind vor drei Zeugen, 1926, Öl/Lwd., 195 × 130 cm, Köln, Wallraf-Richartz-Museum
Foto: Artothek

Christian Rohlfs, Die heiligen drei Könige, 1928, Tempera/Lwd., 100 × 80 cm, Privatbesitz
Foto: G. Westermann – Artothek

Texte und Lieder

S. 36: Wir messen mit knospenden Zweigen, Willhelm Willms und Erna Woll, © Möseler Verlag, Wolfenbüttel.

S. 62: Engelsgedichte und Abzählverse; Ute Blaich, „16. Dezember" und „19. Dezember" aus: Rotraut Susanne Berner, Engel und anderes Geflügel 2, ©1995 by Rowohlt Taschenbuch Verlag GmbH, Reinbek.
Rotraut Susanne Berner, „14. Dezember" aus: Rotraut Susanne Berner, Engel und anderes Geflügel 2, ©1995 by Rowohlt Taschenbuch Verlag GmbH, Reinbek.

S. 104: Schenken, Joachim Ringelnatz, aus: Sämtliche Gedichte, ©1997 Diogenes Verlag AG, Zürich.